天津市中小学“未来教育家奠基工程”学员成果丛书

初中语文教学问“策”研究

CHUZHONG YUWEN JIAOXUE WEN “CE” YANJIU

袁小园·著

天津社会科学院出版社

图书在版编目（CIP）数据

初中语文教学问“策”研究 / 袁小园著. --天津：天津社会科学院出版社，2021. 1

（天津市中小学“未来教育家奠基工程”学员成果丛书）

ISBN 978-7-5563-0697-8

Ⅰ. ①初… Ⅱ. ①袁… Ⅲ. ①中学语文课一教学研究一初中 Ⅳ. ①G633. 302

中国版本图书馆 CIP 数据核字（2020）第 252259 号

初中语文教学问“策”研究

CHUZHONG YUWEN JIAOXUE WEN “CE” YANJIU

出版发行：天津社会科学院出版社
地　　址：天津市南开区迎水道 7 号
邮　　编：300191
电话/传真：（022）23360165（总编室）
（022）23075303（发行科）
网　　址：www. tass-tj. org. cn
印　　刷：北京建宏印刷有限公司

开　　本：787×1092 毫米 1/16
印　　张：16
字　　数：225 千字
版　　次：2021 年 1 月第 1 版　2021 年 1 月第 1 次印刷
定　　价：58. 00 元

目 录

第一章 随文而教——语言积累与实践应用

第二章 多元拓展——“1＋X”与发展性研究

第三章 读写结合——整合研究与融合发展

第四章 多元探究——活动设计与参与实践

第五章 学科育人——教材研究与“以美育美”

第六章 智慧研讨——教研思考与创新发展

第一章

随文而教——语言积累与实践应用

第一节 给词汇理解多一点语境

问题描述

初中阶段的词语学习主要有两种方式:第一,以完成作业的形式,老师带领学生在课下开展自主学习活动;第二,以讲授新知的形式,老师带领学生随堂开展学习活动。长期实践下来,我们发现这两种学习形式,在学生准确掌握读音和规范书写方面都产生了较好效果,而在实际运用中学生却常常出现"提笔无词""张冠李戴"等"忘用""错用"现象。如果词语在语境中再含有比喻义或不同的感情色彩,就更加容易形成理解不准确的现象。

原因阐释

其一,词语教学被独立化,学生对词语的学习更多表现为机械记忆。词语被提炼出来进行单独式教学,教学中一般都会比较关注"读准会写"的教学效果。这对于提高阅读流畅性具有直接作用,但对于学生是否真正理解词语含义则缺乏实践性检验。久而久之,就会逐渐形成以背诵记忆为主的简单学习方式。

其二,词语掌握的学习过程还需加强实践应用的效果。"词语被提炼出来"进行单独教学所存在的主要问题是脱离了具体的语言实践环境,这就很难保障学生对词语有准确认知与深入理解,这也是造成学生虽然是在不断积累新词,但语言表达的丰富性、生动性并未能随之正比例增长的重要原因之一。

其三,词语学习时间缺乏保障,学习效果的持久性有待提高。由学生独立完成对词语的学习，这样的教学方式确实能够在一定程度上调动学生学习的积极性，但在教学中我们发现学生当堂课已经记住的某些词语，放到具体语境中运用时，即刻就能变成“陌生人”。这就说明，我们在教学中还是要注重给予充分的学习时间，在语言环境中加强对词语的理解与应用。

建议解析与案例分享

学习中规范正确地使用常用词语，其主要要求如下：在掌握词语基本意思的基础上，能够根据词性辨析词义，注意理解多义词的本义、引申义和比喻义；能够掌握同义词与反义词的相关知识，注意准确辨析；能够根据词语的语体特点灵活运用，注意体会感情色彩。语言学习要遵循词不离句、句不离段、段不离篇的原则，这就充分说明了必须要把对词汇的理解放到语境当中，否则很难准确判断词汇的深层含义及其在语言表达中的具体作用。下面就如何增强词汇理解的语境建设，提出三条实践性建议：

一、准确释义，增加储备

对于词语的学习，《义务教育语文课程标准(2011年版)》对初中阶段“词语”专项教学提出具体要求：学习基本的词汇，用来帮助理解课文中的语言难点。这就说明，初中语文教师要注重设计教学过程，精准把握词语的教学目标，引领学生学习词语的思维从静态认知发展为动态积累。

【案例一】

八年级上册语文教材《一着惊海天》一课中的词语“殚精竭虑”，原文写道：“为了这一着，面对技术封锁，多少人殚精竭虑，青丝变白发；多少人顽强攻关，累倒在试验场；多少人无怨无悔、默默奉献……今天，终于有了一个圆满的结果，能不激动吗？”学生根据自己的认知理解，认为词语“殚精竭虑”的意思为“竭尽自己的力量”，显然对于“尽力”程度的理解欠缺深度。在教学中，教师可以结合课文语境，引导同学们开展语文活动：“请查阅‘歼—15舰载机成功着舰'的相关资料，说一说都有哪些人为'这一着'付出了心血？"当同学们对"这一着"之前、之中有了更多了解之后，再来讨论"殚精竭虑"的词义，自然能加深理解的深度："殚精竭虑"指的是"用尽精力，费尽心思"。这时，可以再拓展一步：请学生通过汉语词典，查一查"呕心沥血"的意思，并想一想这两个词语之间的联系。最后，设计练习：请同学们搜集并讲述一个能体现"殚精竭虑"或"呕心沥血"的故事。在查阅中，同学们不断丰富自我积累，加深对词义的理解。其中有位同学交流了"周恩来殚精竭虑治水患"的历史事件，把学习推向高潮。

再如，学习七年级下册语文教材第四单元《驿路梨花》中"修葺"一词时，原文句子是："第二天早上，我们没有立即上路，老人也没有离开，我们决定把小茅屋修葺一下，给屋顶加点儿草，把房前屋后的排水沟再挖深一些。"很显然，"修葺"应该用在修理建筑物的语境当中。教学中，教师设计练习：请学生查阅修理、修缮等常用词语的意思，并使用"修葺、修理、修缮"说一段话，注意语言通顺，准确使用词语。学生在练习中，首先查阅词语使用的语境要求，"使损坏的东西恢复原来的形状或作用"时用"修理"；指"文字、文章的修改和完善"时，一般会使用"修缮"。这样的拓展实践练习，既增强了对一组近义词理解的准确度，又有利于增加词语积累。

可见，通过准确释义来增加词汇储备，有助于从宽度、深度两个方面来提高学生理解词义的准确性。而且，对于流畅理解课文、拓宽知识面、丰富语文储备也都具有积极的引导作用。

二、强化多义，新旧关联

强化多义，通常可以理解为对"一词多义"的教学。教学中，对具有相同特点的一组词语，开展不同语境条件下的捆绑式积累，是强化多义积累的一个好办法。例如，都是描写悦耳的声音，语境不同，所使用的词语自然不同，形容音乐结束后悠扬悦耳的声音仍然绵延不绝，回响在耳边，可以使用"余音袅袅";形容善于讲话,可以使用"娓娓动听";形容年轻女子说笑的声音,可以使用"莺声燕语";形容比较优美的,让人快乐、安静的音乐,可以使用"悦耳动听"等。

教学实践中注重新旧词语之间的关联,有助于帮助学生在建立思维联系的过程中,加强对词语多义性的理解。

【案例二】

七年级上册语文教材第一单元刘湛秋《雨的四季》,学生学习"远远地望过去,收割过的田野变得很亮,没有叶的枝干、淋着雨的草垛,对着瓷色的天空,像一幅干净利落的木刻画。而近处池畦里的油菜,经这冬雨一洗,甚至忘记了严冬。"这句话,学生可以通过书下注释形成认知,明白"畦"指的是由田埂围着的一块块排列整齐的田地。学习七年级上册第三单元鲁迅《从百草园到三味书屋》中"不必说碧绿的菜畦,光滑的石井栏,高大的皂荚树,紫红的桑葚;也不必说鸣蝉在树叶里长吟,肥胖的黄蜂伏在菜花上,轻捷的叫天子(云雀)忽然从草间直窜向云霄里去了"这段话,若要理解文字中高低错落的空间美,理解"菜畦"这个词语就是关键。教师可以帮助学生回忆《雨的四季》中"'畦'指的是由田埂围着的一块块排列整齐的田地",然后展开想象:"碧绿的菜畦"是怎样的景象?学生的脑海中便能浮现出画面"地面上,田埂围着的一块块排列整齐、油绿油绿的菜地"。再结合"光滑的石井栏,高大的皂荚树,紫红的桑葚",鸣蝉,黄蜂伏在菜花上,叫天子(云雀)直窜向云霄等景象,"低——高——低——高"变化的空间美也就能够被准确理解。

由此可见,词语教学既包含了对新知词语的认知,也蕴含着对于过去已掌握词语意义更加充分深入的理解。

强化多义,注重新旧关联的学习方式,对于学习文言文,具有很强的实用性。例如,注意对"或""走""食"等常用词一词多义的总结,既有助于学生形成文言积累,也有助于通畅翻译,并帮助学生在学习中形成用对比、分析、判断等逻辑思维来思考问题的意识。可见，在词语学习中注重关联，强化一词多义、多词多义的横向学习，是帮助学生准确掌握词汇，不断积累的有效路径之一。

三、结合现实，灵活运用

针对学生提笔忘词的现象，教学中我们可以采用“注重巩固、灵活运用”的策略，帮助学生规范掌握词语内涵。如果把死记硬背作为巩固积累的方法，短时期内可能会产生一定效果，但对于长期记忆来说，浅层理解的结果必然是片面掌握、遗忘率较高。俗话说，熟能生巧，加强记忆必须要经历不断地体验与实践，才能形成熟练掌握并运用的效果。

【案例三】

学习九年级上册语文教材第四单元《故乡》，理解杨二嫂的形象一定要紧紧抓住对词语“伶仃”的理解。回归课文原句：“我吃了一惊，赶忙抬起头，却见一个凸颧骨，薄嘴唇，五十岁上下的女人站在我面前，两手搭在髀间，没有系裙，张着两脚，正像一个画图仪器里细脚伶仃的圆规。”教学时可以请同学们拿出圆规，细致观察“细脚伶仃”的特点，再结合人物说一说杨二嫂的具体形象。学生在实践练习中，对“伶仃”是“形容瘦弱或细长”的理解水到渠成。

【案例四】

理解七年级上册语文教材中史铁生《秋天的怀念》的重点句“黄色的花淡雅，白色的花高洁，紫红色的花热烈而深沉，泼泼洒洒，秋风中正开得烂漫”，其关键是要准确理解词语“烂漫”的意思。教学中，可以引导学生通过举例来理解“烂漫”常用来形容什么，学生在不同的语境中，理解词语本意是指色彩鲜艳而美丽，也可以用来形容自然大方，不做作，进而理解词语的深层含义：

通过草木茂盛用来形容生命力旺盛。由此即可理解作者在句子中表达的情感：理解母亲的用心，感激母亲，就要像那各色菊花一样，让自己的人生活出各种色彩，正视自己的世界，打开封闭的内心，接纳自己，接纳他人，勇敢地绽放自己。

可见，在教学过程中脱离具体语境，单独把一个词提出来，是很难完整并深刻理解词语含义的。在学习中，要善于引导学生把词语知识与生活实际结合起来，由表及里深入理解其内涵，以形成真正意义上的词语积累。

第二节　给文化常识多一点讲解

问题描述

谈到语文学科的文化知识,我们马上就会想到与书下注释相关的作家作品简介。有时候,教师在教学中会受到授课时间紧张、教学设计安排等因素的影响,忽略对文化常识的教学,在一定程度上造成语文学习并未充分发挥其文化感染的作用。如何加强文化常识教学效果,充分发挥文化常识知识对营造文学氛围的熏陶作用,则成为教学中令教师感觉比较困难的问题。

原因阐释

日常教学存在着对文化知识教学环节设计较为简单的现象,一般仅限于学生自学书下注释或者教师介绍作者背景及主要作品等形式,学生复习时会更多关注对作家作品、创作背景等记忆型内容的掌握。再有,教师的教学理念还需要进一步跟上教材、教学发展的速度,对于"文化知识学习"与"文学素养提升"之间的密切联系思考较少,这也是文化知识教学在实践中逐渐被弱化的重要原因之一。

建议解析与案例分享

2016 年 7 月,在庆祝中国共产党成立 95 周年大会上,习近平主席指出,"文化自信,是更基础、更广泛、更深厚的自信"。语文教材中蕴含着丰富的传统文化,表现出了中华民族世世代代在生产生活中形成和传承的世界观、人生观、价值观、审美观等。部编本语文教材,紧密结合语文学科特点来体现核心价值观,并且做到了"有机渗透",以文化熏陶感染学生,又不停留于"说教",促使价值观育人与语文学习自然融为一体。为此,我们开展语文教与学的各项活动,更要注重引导学生自觉了解并深入理解教材文本表现出来的物质文明与精神文明,以充分发挥文化常识对语文学习的促进作用。为此,在实践中建议遵循以下三个教学策略:

一、加强对教材中文化知识的挖掘

一般情况下,教学实践中老师们会更多关注对作者及作品的介绍,这就容易出现对文化常识教学的"窄化"理解。挖掘教材所蕴含的文化元素,主要有两个角度:

第一,充分利用教材助读系统。

教材中的书下注释、单元提示、课文预习导语、知识短文等助读系统,包含了丰富的文化知识元素。例如,七年级下册语文教材第二单元《黄河颂》一课的预习短文中提到"1939 年春,光未然创作了组诗《黄河大合唱》。经冼星海谱曲后,这部音乐作品响彻中华大地,激发了中国军民的抗日热情"。其中,有关 1939 年的时代背景及光未然、冼星海的作品等内容,都蕴含着丰富的文化元素,涉及文学、历史、地理、音乐等多学科知识。教师在备课时,要注重不断提高自己发现文化元素的敏锐度,并不断挖掘,以充分体现语文教学文化包容的特点。再如,八年级上册《背影》,课后知识短文中有一段关于朱自清父亲在老年时阅读朱自清作品的介绍。教学时如果能充分利用这一内容,查阅更多朱自清与父亲的不同人生经历及相关时代背景,自然能够深刻理解父子性格产生差异的多方面原因,这对于体会朱自清创作《背影》时复杂却又细腻的心情,更具有推动作用。

第二,深入挖掘教材文化元素。

学生在语言学习的过程中,会同时完成对文化内涵的认知、理解、传承与创新。例如,学习九年级上册语文教材第二单元《敬业与乐业》时,课文中包含了丰富的文化元素,既有古代典籍《礼记》《老子》《论语》《庄子》等,也有历史文化名人老子、孔子、朱熹等，还有历史、军事、政治等多元文化的并存。因此，充分挖掘教材课文内部的文化元素，既有利于学生在多元文化领域内形成融合发展的意识，又有利于体现语文学科对人文教育重任的承担。

二、灵活实施文化知识教学的内容

文化知识教学设计，具有灵活多样的特点。例如：

教学九年级下册《破阵子・为陈同甫赋壮词以寄之》时，教师可以在预习时请同学们通过《世说新语》了解“八百里”，通过《三国志・蜀书・先主传》了解“的卢”，以强化读懂诗意的预习效果；也可以设计作业“请用现代汉语改写这首诗歌”，以强化对这首诗中文化知识的巩固性理解；还可以在教学过程中，带领同学们在课堂上查阅资料，以强化学习的即时性效果。

文化知识教学的设计是灵活实施、“教无定法”的。教师对教材文化元素进行挖掘，可以组织学生开展专题研究等活动，充分调动学生学习的主动性，引导学生根据自己的已有知识、经验来充分表达观点，阐述分析，做出总结。例如：

教学九年级上册《范进中举》一课时，教师可以引导学生查阅中国古代科举制度的发展历程，以及“秀才、举人、进士、状元”等科举考试中试者称谓的知识。这样，当学生学习九年级下册第二单元《孔乙己》或参加名著《儒林外史》阅读推动活动时，就可以充分利用在《范进中举》中所习得的文化知识帮助自己完成主动阅读，从而体现学科内部知识共通的特点。

教学实践中，教师可以灵活运用注释、典故、专有名词等文化元素，采用补充讲解、增加例证、自学讲述等丰富多样的学习方式，帮助学生积累文化知识，拓宽文化视野，逐步加深对文化的认知了解、互融理解与传承发展。

三、科学安排文化知识的落实

“文化知识”是语文学习范畴中的一部分，因此，在语文教学中落实文化知识的学习，必须坚持科学性原则，符合学生语文学习的客观需求。这就要求老师能够遵循“随文讲解，形成关联，化零为整”的教学策略，以建立系统的教材文化知识教学体系。为此，教师在备课时要做大量搜集整理工作，以在文化知识的教学实践中，高屋建瓴地为学生“授之以渔”，做出适宜的学习推介，帮助学生不断增加文化积淀，丰厚文化底蕴，促进其文化品位持续提升。例如：

学习七年级上册语文教材《〈世说新语〉二则》时，课文涉及了古代称谓知识。对于七年级学生来说，学习这一部分知识具有一定难度，我们可以在教学中结合“尊君”“君”“家君”等具体例子，引导学生了解中国古人比较常见的谦称，尊称，不同辈分、不同年龄段的称呼等称谓常识，帮助学生完成文化知识的积累，培养学生对传统文化的认同感，潜移默化地提高文化素养，使语文学科更具有人文性。

第三节　给正确表达多一点规范

问题描述

在教学中，我们期望学生的语言表达能力能不断获得提高，不仅能主动发表意见、阐述观点，还能正确运用语言结构，语言表达规范、清晰、流畅。我们在实际教学中发现，学生做病句练习比较准确，而实际运用过程中的表达则常常出现啰嗦、重复、缺乏逻辑等现象。一般来说，对于表达欠规范的问题，教师都会随教学过程及时提醒，随时订正，但实际教学中依然会重复出现这些问题。

原因阐释

分析学生在日常交流中表达欠规范的原因，主要是混淆了对口语表达与随意表达的理解。很多同学认为，既然是口语表达，就无须考虑语法主、谓、宾等搭配，只要对方能听明白即可。其实不然，正是因为说话的随意性，才容易出现语义歧义、逻辑混乱、搭配不当等语病，造成“未说明白”“表达不清”等问题。

语言习得，是语文学科显性的学习任务。语文教学必须扎扎实实地加强语言文字的训练。分析语言基础知识教学现状，更多是以准确完成病句、标点等专项练习为学习的直接目的。长期下来，对于口语表达的练习就很容易与实际语言环境相脱离，而出现学生病句、标点等专项练习做题准确，实际交流中却依然存有结构、表意、逻辑等方面问题的现象。

建议解析与案例分享

语言表达，准确是第一项基本要求，也就是说，我们的表达，首先是要让别人能够听明白自己的意思。教学中教师要善于指导学生形成自我规范的语言表达意识。为了有效避免学生在日常交流中出现病句现象，我们在教学中要特别关注以下三点：

一、口头表达与书面语表达并重

分析课堂交流中老师和学生的思维特点可以知道，学生的口语表达具有即时性，短时间里既要考虑表达的内容，又要快速组织语言，常常是来不及斟酌就已经脱口而出。而老师在一般情况下都会集中注意力聆听学生发言的主题，对于学生在表达时所出现的语病，虽然能够听出来，但出于不打断学生思路、有序推进教学环节等想法，就会暂时忽略学生表达的问题；有时虽然能及时订正，但学生注意力并未在此，久而久之，语病得不到及时纠正，便会出现口语表达不规范的问题。

生活需要表达，对学生进行口语表达训练和书面语表达训练同等重要。纵观教学现状，书面语表达有作文课课时保障，这样就容易出现“重书面语、轻口语”的现象。分析两种语言形式的表达差异，书面表述有比较充分的思考时间，学生可以对其表达的文字进行推敲、修改，有利于表达得更加准确、有条理，从而降低病句出现的概率。口语表述更有助于交流，在较短时间内互动效果明显，把思考转化为口语表达的时间相当短暂，出现语病的概率较大。从生活实际的角度分析，口语表达能力是书面表达的外显；从语文学习的角度分析，说听读写紧密相连，缺一不可。因此，教师在学习实践中要遵循口头表达与书面语表达并重的教学策略，有计划地训练学生“限时说话”能力，增加口语表述的训练力度，促进学生在提高书面语表达能力的同时不断提高自己规范表述、观点清晰、意义明确的口语表达能力。

二、规范表达与课文引路并重

在教学中，语文教材是语言规范表达的范例。阅读这些文章，我们可以更加注重朗读训练，在熟读过程中引导学生把规范的语言文字内化为自己的表达积累。学生掌握了范文里丰富的语言材料，便有典范可遵循，病句现象自然会减少。

【案例一】

学习语文教材八年级上册《中国石拱桥》一课时，教师在导入环节安排了一段口语表述练习："请从修建时间、外形特点两个方面介绍一下你家附近公园里的石拱桥。"一位同学这样介绍："我家附近的公园里有一座石拱桥，听说我小时候就知道公园里有这座桥。前年，随着公园的整修，使这座桥又被加固了，现在看上去还挺辉煌。"教师首先请大家指出这段介绍中存在的语病，大家挑出三个语病："听说我小时候就知道公园里有这座桥"一句中"小时候就知道公园里有这座桥"是"我"已经知道的事，不能用"听说"，这是逻辑不清的语病；"随着公园的整修，使这座桥又被加固了"，虚词的使用造成成分残缺；"现在看上去还挺辉煌"，"辉煌"意思是指"光辉灿烂的"，"成绩等显著、卓著"，用在这里显然是搭配不当。然后教师请同学们阅读"赵州桥"这一部分，并分析理解语段中规范、严谨的语言特点，最后再请同学们借鉴其语言表达方法，重新组织语言介绍自己家附近公园里的石拱桥。这位同学修改后第二次交流表述如下："我家附近的公园里有一座石拱桥，我小时候就知道公园里有这座桥。听工作人员介绍，这座桥长 35 米，宽 14 米，修建于 2000 年，到现在已经 20 年了。前年，随着公园的整修，这座桥又被加固了，也变得更加好看了。"

可见，坚持课文语言规范引路的策略，及时正确引导，发现并改正语言表述不准确的现象，有助于学生在复杂的语言环境中，养成规范运用语言文字、准确表达的良好习惯。

三、专题学习与实践运用并重

修改病句的练习在语文学习中很有必要,也很重要。其基本要求是切合实际运用,而不停留在简单机械的语法训练。

【案例二】

语文课上,老师开展了“挑语病”的练习活动。其中一道练习题是:请稍等一会儿,我正在书桌里找东西呢。这道题需要比较高的辨析力,学生们普遍感觉困难,面面相觑,无从下手。教师在提问中设计了生活情景:“一个人应该在哪儿找物品?物品一般会放在哪儿?”结合生活经验,学生自然会理解,一个人应该在某一个地点找物品,物品一般会放在某一个具体地点。由此,学生做出辨识:这句话有语病,可以修改为“请稍等一会儿,我正在找书桌里的东西呢。”可见,病句的专题学习与实践运用是紧密结合在一起的。如果在教学中把这两点内容分割开来,就容易造成修改病句的方法掌握与实践应用相分离的现象。

可见通过模拟生活情景制造语言表达的具体环境,对于学生清晰辨识句子的语病,增强语言表达结构完整、搭配合理、语义清晰、逻辑正确等效果,均具有积极的引领作用。

第四节 给语言美化多一点方法

问题描述

教学中，我们发现对于学生来说，在短时间内，表达要体现出有主题、完整、有理有据等特点，是有一定难度的。如果再提高要求，“表达时，要在清晰、具体的基础上，做到绘声绘色”，就更是增加了一定的难度。分析教学现状，对于“语言表达生动形象”的教学，除了运用比喻等修辞手法之外，基本上就没有其他更多教学设计了。因此，在教学中我们希望能有更多的教学思路，以拓展语言表达的教学方法，帮助学生积极改变语言表达词汇匮乏、平淡如水、缺乏感染力等现象。

原因阐释

造成语言匮乏、表达平淡的原因是多方面的。从教师角度分析，我们还是要在“激发学生主动发言的积极性”这一方面做出更多实践性研究，努力为学生创设更多语言交流的机会，力图改善语文学习中学生交流少、说话少、发言机会不均衡等现象。教师要注重结合具体学情，合理制定语言表达方面的教学目标，引导学生的语言表达在准确、顺畅、文采等方面的发展循序渐进。

分析学生“语言美化”表达水平还需进一步发展的原因，就要分析其思维发展的特点。语言是思想和感情的外衣，思维活动的直接结果是产生活跃的思想和丰富的情感。把自己的思想、情感清晰地表达出来，这是语言思维活动的第一层次；把自己对美好事物的憧憬、追求强烈地表达出来，就需要运用一定的方法辅以表达，这是思维活动的较高层次。学生的思维是一个动态发展的过程，从内部思维发展为外部言语，必须要经历从最初层次到较高层次的发展过程。如果学生的思维仅停留于在心里"想一想"的阶段，那么，只要心里大概明白即可；而一旦需要表达出来与他人交流时，就需要结构完整、层次分明、精炼明确；再提高一层要求，在尽情表达与他人分享时还要考虑合理渲染、唤起共鸣、得体周到等要求。在常态语文教学的口语表达训练中，还需要老师更加深入地思考如何才能更恰切有效地促进学生语言思维的循序发展。

建议解析与案例分享

《义务教育语文课程标准(2011 年版)》中对初中学生的语言表达能力提出明确要求：注意表情和语气，根据需要调整自己的表达内容和方式，不断提高应对能力，增强感染力和说服力。再从社会生活角度分析，现代社会的发展离不开人与人之间的沟通与合作，语文教学促进学生的语言发展，就要引导学生不断提高自己说话清楚明白、表达充分得当的能力，为未来的成长与生活做好必要准备。为此，关于美化语言的教学，有以下几点建议：

一、链接生活，激发表达兴趣

长期以来，我们在教学中重视落实基础知识与提高阅读能力，而对学生说和写的训练却有所忽略，而在"说"和"写"中，又存在重"写文"轻"说话"的现象，对于提升"说话"能力素养的教学理念也很容易被忽略。教师在教学中培养学生持续提升语言表达能力，就要关注对学生表达兴趣的激发。例如，教学九年级下册第四单元《短文两篇》中的《谈读书》，教师可以设计说话练习："现代社会生活中，你认为怎样增加阅读量更有利于成长？请通过自己的真实经历和大家分享你在这方面的成功感受，帮助同学们掌握更多读书的好方法。"这样的说话练习，话题熟悉，经历具体，感受真实，学生完全具有自我表达的主动权，自然有话可说。说话练习中"帮助同学们掌握更多读书的好方法"是对说话内容的要求。为了让自己把内容说得清楚明白，同学们必然会在结构、用词、逻辑等方面努力提高表达质量。而这些正是“提高语言表达能力”的具体措施。可见，兴趣是学生获取知识、探求真理的内在动力，当学生有了表达的兴趣，就会产生交流的热情，表情达意的能力自然也能随之得到发展。

【案例一】

学习七年级上册第四单元《诫子书》一课，教师设计了以下三个说话练习：

练习一：在这封书信中，你喜欢的警句有哪些？请和大家说说你的理解和受到的启发。由此你联想到了哪些名人名言？请推荐给大家。

练习二：请同学们查找五首古代歌咏家庭亲情的诗词，并按照自己的理解进行分类整理，一周后在语文课上开展“流淌在心中的真情”主题诗词诵读活动。

练习三：请选择家里的一位长辈，给他(她)写一封信，倾吐自己的心声。

二、链接教材，挖掘学习资源

教师在教学中要探索逐步形成科学化口语表达教学体系的路径。教材为我们提供了丰富的说话资源，教师在备课时要深入挖掘教材资源，为语言表达引来“源头活水”，以体现学生交流的话题熟悉而有话可说的特点。教师还要善于通过视频、图片、音乐、故事等，为学生提供丰富的说话素材，灵活的说话形式，帮助学生针对自己的口语表达内容客观地做出自我评价，提出自我要求，制定具体的提升目标。

【案例二】

学习八年级下册第二单元《大自然的语言》一课，教师设计了以下三个说话练习：

练习一：请朗读下面这些“大自然的语言”，并说一说这些“大自然的语言”分别说明了哪些现象，在表达效果上有什么异同。

农谚	古诗句
花木管时令，鸟鸣报农时。	竹外桃花三两枝，春江水暖鸭先知。
朝霞不出门，晚霞行千里。	黄梅时节家家雨，青草池塘处处蛙。
鸡翅宿，鸭欢叫，风雨不久来。	飒飒西风满院栽，蕊寒香冷蝶难来。
桐树开花，正种芝麻。	碧云天，黄花地，西风紧。北雁南飞。
春雾风，夏雾晴，秋雾阴，冬雾雪。	天街小雨润如酥，草色遥看近却无。

练习二：请查找相关资料，分别从植物、动物、气象等方面介绍一下你所了解的物候现象？创作一首有关物候现象的短诗，与同学们分享。

练习三：继续查找与物候现象相关的资料，想一想积累的物候知识，对于植物的栽种和培植，具有哪些积极意义？请将其制作成小贴士卡片，送给学校负责绿植管理的老师。

活动效果分析：学生在说话过程中，对这些物候现象充满好奇，畅所欲言，讲述了很多有趣的故事。三个练习沿着“感性认识——理性分析——个性创作——实践应用”的思维发展路径，逻辑清晰，对同学们逐步形成“通过语文学习解决实际问题”的思维，起到了积极的引领作用。

三、链接方法，实施有效评价

建立科学的评价体系，保障学生语言表达能力持续提升，是开展语言美化教学的一个关键。为此，教师要注重帮助学生从突破主题、深度理解、增强表现能力等方面掌握评价“语言美化”效果的基本标准，实践提高自我说话能力的各条路径，从而促进说话质量的提升。教学中的具体建议如下：

1. 注重灵活调整

语言表达具有对象确定、情境特定、内容具体等独立性特点。教师在教学中，要引导学生注意根据自己的说话内容，及时调整表达的语速、语气、语调、感情，从而促使语言表达准确得体、生动有味。

2. 注重素材积累

高质量的表达，需要有比较丰富的素材做铺垫。生活中的花鸟虫鱼、家务劳动、手工制作、假日旅游等体验，都是非常真实的“素材库”。只要学生善于观察、勤于总结，说话时就能发现自己已经做好“有米下锅”“言之有物”的语言储备了。因此，我们要把学生的目光引向自然、学校、家庭、社会，引导他们用心观察、聆听、发现、体验、思考、想象，以便能够从更加广阔的领域里积累语言素材。

3. 注重阅读引路

阅读是表达的基础，教师要注重指导学生养成认真整理读书笔记的好习惯，把自己积累的好词佳句以及感悟收获及时运用到语言表达之中，给自己的语言表达不断增添色彩。同学之间也鼓励加强读书笔记交流，在学习方法、实践说话的过程中互相借鉴、互相启发。

【案例三】

语文教材九年级上册第一单元是一个以诗歌学习为主体的活动单元，教材要求完成三个任务：(1)学习鉴赏。独立阅读教材提供的五首诗作，仔细品味，把握诗歌意蕴，体会诗歌的艺术魅力。(2)诗歌朗诵。学习朗诵技巧，组织朗诵比赛。朗诵时，注意重音、停连、节奏等，把握诗歌的感情基调，读出感情，读出韵律。(3)尝试创作。选择一个对象，写一首小诗，抒发自己的情感。在写作过程中，注意句式和节奏。在完成这三个活动任务的过程中，教师都增设了补充活动：

活动一：在独立阅读教材提供的五首诗作之后，每位同学制作两张诗歌阅读卡片，向本小组同学推荐两首自己喜欢的现代诗，并简要阐明自己的推荐理由。

活动二：本小组在组长的带领下，组织“诗歌鉴赏”交流会，同学们根据诗歌阅读卡片上的推荐理由，选读三首自己喜爱的诗歌，并在读书卡片上补充推荐理由，推选出本小组最受欢迎的五首诗歌，向全班进行推介。

活动三：全班共有六个学习小组，课代表汇总各小组推荐出来的诗篇共三十首，利用班级板报开展诗歌卡片展览。每位同学分别选择一首自己最喜欢的诗歌准备朗诵比赛，并创作一首小诗（可以以自己最喜欢的诗歌为范例，进行模仿性创作），自愿粘贴在班级黑板上，与大家分享。

本次活动全体同学主动参与，在仔细品味，把握诗歌意蕴，体会诗歌语言艺术魅力方面，均能看到同学们飞跃性的进步。特别是在创作交流环节，无须老师设计指导环节，学生们从大量的优秀诗作中，自然受到意象选取、节奏韵律、情感抒发、思想内涵等方面的启发，并运用到诗歌创作实践中，切实体现出阅读引路的积极学习效果。

4. 注重复述练习

复述是一种说话活动，学生把读到的或听到的语言材料，在充分理解的基础上用口头语言完整说出来。语文教学复述故事的实践练习，对于帮助学生加深对文章内容的理解，提高学生的语言表达能力和逻辑思维能力都有显著的促进作用。因此，对于一些故事情节比较曲折或者直接抒情的美文，要鼓励学生自觉进行复述练习，这样的说话练习是以教材课文为参照，学生可以独立完成自我评价，以切实体验提高说话质量的方法。

第五节 给口语交际多一点体验

问题描述

口语交际的教学，从“表达”的角度来说，容易出现两个问题：其一，无话可说，很难参与到交流的过程中；其二，说话连续不断，没有层次重点。从“互动”的角度来说，也容易出现两个问题：其一，仅仅是聆听，没有双向互动交流；其二，互动时机选取相对随意，互动说话内容没有紧紧围绕中心话题。

原因阐释

分析产生问题的原因，主要有两点：第一，学习时间分配不合理。对语言表达的学习，比较侧重于对书面语的练习，而对于口语方面的训练，分配的学习时间还比较少。第二，教学形式比较单一。分析语文教学现状可以发现，依然存在老师讲的多，而学生发言机会较少、被动聆听、忙于记笔记等现象，轻松、活泼、融洽、自然的口语交际氛围还是比较欠缺的。

建议解析与案例分享

《义务教育语文课程标准（2011 年版）》对初中学段的学生在口语交际方面提出的具体要求是：“注意对象和场合，学习文明得体地交流。耐心专注地倾听，能根据对方的话语、表情、手势等，理解对方的观点和意图。自信、负责地表达自己的观点，做到清楚、连贯、不偏离话题。”“讲述见闻，内容具体、语言生动。复述转述，完整准确、突出要点。能就适当的话题作即席讲话和有准备的主题演讲，有自己的观点，有一定说服力。讨论问题，能积极发表自己的看法，有中心、有根据、有条理。能听出讨论的焦点，并能有针对性地发表意见。”也是我们在口语交际教学中所要努力实现的教学目标。现代社会是信息社会，尽管信息沟通的方式已进入智能化时代，但人与人之间最感性、最直接、最便捷的沟通方式依然是口语交际。可以说，口语交际能力的提高是学生智慧、知识、能力、素质等综合水平发展的表现，是学生形成的终生受用的语文能力。因此，我们要在语文教学中重视口语交际学习，有意识地设计灵活多样的学习形式，帮助学生不断提高口语交际能力。为此，推荐以下教学策略：

一、多重身份，参与学生体验感受

作为语言训练，学生敢于说话是第一关键要素，教师应该是激发学生主动交流的鼓励者；每一次语言练习，都是提升口语交际能力的好时机，教师要努力成为帮助学生提高说话质量的参与者；初中学生对于口语交际积累的经验较少，而又具有较强的模仿性和学习力，教师应该是引导学生不断进步的示范者；活动过程中学生主体作用的充分发挥需要教师进行有针对性的点拨，教师要努力成为学生口语交际活动的指导者。因此，教师要注重以多元化的身份参与学生口语交际活动体验全过程。教师还要有意识地把握住时机，进行自我调整，能够在口语交际体验活动最后的环节，以教师身份引领学生进行总结与反思，促进学生口语交际能力的螺旋式上升。

二、链接生活，创造演练表达情境

在口语交际教学中，要尽量避免过于强调使用说话“技巧”，以保障学习过程的真实性。为此，教师要注重创设有利于学生模拟演练的生活情境，并具体讲解口语交际活动的常规要求：根据交际对象的身份、性格、知识水平等表达自我观点，争取能够让对方自然而然地接受；注意交流的时间、地点等各种环境因素，保障说话语言、语气等方面的得体性；还要告诉学生，要明确口语交际活动的目的，要根据口语交际目的确定说话重点，让表达更加恰切。

【案例一】

学习七年级上册第二单元课文《散步》时，教师安排短剧表演《我家餐桌上的故事》。同学们自由组合，有的小组表演和父母一起吃晚饭的日常场景；有的小组表演周末去奶奶家，虽然已经是上午十点，但依旧还有精心准备的丰盛早餐的场景；有的小组表演春节吃年夜饭时大家庭聚会的场景。大家在准备过程中普遍感觉最难把握的是，同一时间里如何通过态度、语言、表情、动作等各方面的差别，来表现祖辈、父辈、同辈等不同身份。而最终得体的表演体现，就是对口语交际练习实践意义具体化的理解。可见，口语交际活动与其他语文学习活动最大的差别就在于“互动性”。口语交际中“说”与“听”是人人参与，互动是必须遵循的一个原则。根据互动情境的不同特点及时采取适当的语言策略来应对，是提高口语交际活动质量的一个核心问题。根据互动情境的表现形式，口语交际活动主要分为三种类型：

1. 个人独白式

个人独白式的口语交际情境，主要是一个人面对群体的口语交流表达。例如，故事讲述、演讲等。个人独白式的口语交际要求说话者能够通过自己丰富的表情语言、肢体语言来配合口语表达，以形成与听众之间在心灵、思想上的深层次沟通。

2. 两人对话式

两人对话式的口语交际情境，主要是指个人与个人之间的口语交流活动，有面对面的显性交流特点，例如，专人采访、专题请教等。开展两人对话式的口语交际，在前期准备、现场即兴等方面要求较高。

【案例二】

学习八年级上册第二单元《藤野先生》一课，老师设计了“了解我的一位老师”专题采访口语交际活动。活动开始前，首先要整体了解学情。问题如下：

1. 你看过采访吗？说一说你印象中的采访有什么特点？

2. 你认为开展采访活动，需要提前做好哪些准备？

3. 开展采访活动，你觉得自己还需要了解哪些专业方面的知识？

通过学情分析，老师了解到学生对于采访活动的经验积累，主要集中于“要有明确的采访内容”这一层面，大家还想在做好自我介绍、把握采访语气等方面获得更多指导。根据这些具体情况，教师对学生进行具体指导：

1. 指导预约

(1)明确常用的预约方法：电话预约、微信预约、书信预约。

(2)预约时一般要完成四项任务：

第一，注重礼貌性问候。例如：“您好，百忙之中打扰您，首先表示我的感谢之情。”

第二，做好清晰的自我介绍。例如：“我是××学校××班的××。”

第三，明确表达采访重点。例如：“我们班正在研究××问题，我想就这个问题请您谈谈自己的看法，可以吗？”

第四，确定采访时间和采访形式。例如：“我想去办公室采访您，您什么时候有时间？谢谢！”

2. 做好采访对象方方面面的综合性了解并列出采访提纲。例如，确定采访时所提出的问题，做好每个问题的对话时间分配，掌握好提问语气和互动对话的语气，等等。

3. 预设采访时可能会出现的问题。例如，如果被采访对象回答某个问题时超过预设时间，应该怎样提醒；如果突然想增加某些采访问题，应该怎样处理，等等。通过这一口语交际活动的准备，我们可以理解两人对话式口语交际活动的特点主要表现在互动性方面，活动过程中不仅仅是自己说，还要注重对话者的充分表达，这就需要说话双方能够从措辞、语气、沟通方式等方面及时拉近与对方的距离。

3. 多人交互式

多人交互式的口语交际情境，主要是多个人物之间的口语交流表达。例如，主题辩论、话题讨论等活动。多人交互式的口语交际活动，对于知识储备、说话亲和力、敏锐思维、果断力等方面的要求是比较高的。在初中阶段的语文学习中，根据学情适当组织多人交互式口语交际活动，对于提高学生感性思维与逻辑思维的发展水平均有积极促进作用。

口语交际是人与人之间的互动交流与交往，只有在真实的语言环境里才能体现出实质价值。为此，教师必须要有开放性的大语文教学意识，带领学生走出教室，走进生活。例如，开展走访家乡人、寻找公园里的春天等专题性语文实践活动，这对于学生学习、应用口语交际方法，提高口语交际能力都是具有积极影响作用的。

三、学法灵活，实现多元互动交流

口语交际语文活动是听说双向互动的过程，注重人与人之间的交流和沟通。我们在口语交际教学中，需要重点思考一个问题，即：如何通过灵活的学法引导，帮助学生进行多元互动式交流。

【案例三】

为了帮助学生改变习惯被动聆听和记录的学习现状，教师组织学生开展了“我为大家做老师”的口语练习活动。请学生走上讲台，以老师的身份把自己的研究成果讲给同学们，并组织大家开展讨论、探究、总结等活动。口语练习内容丰富多样。例如，教师根据学生不同的特长，帮助学生选择自己最感兴趣的话题，做专题课准备，并开设“我的特色讲台”，每天利用固定时间，请学生作为主讲教师，通过与同学们的口语交际进行互动交流，在语文学习中创设文学、科学、艺术、体育等不同学科的学习氛围，与同学们分享自己在这一领域里的学习与实践成果，帮助同学们不断开阔视野。讲课结束后，还可以安排“请听我说”的活动，主要是组织同学们为本次活动做总结，以帮助主讲“老师”总结讲课过程中的得与失，促使每一位同学在活动中都能有自己的具体收获。

教学中还可以开展“热点话题讨论”口语交际实践活动。对学习者而言，学习内容越感兴趣，学习情绪就越高涨，想说的话自然就多。为此，教师对于学生感兴趣的流行话题要保持敏锐度。例如，如何管理自己使用手机；面对减负学习，怎样提高学习效果；中国女排精神的社会影响力，等等。由于话题是同学们熟悉的生活热点，大家日常的关注度比较高，就保障了大家说话的积极性及口语交际质量。

教学实践中，口语交际语文活动的形式多元灵活，例如，增加音视频以渲染气氛，课本剧排演等，都可以激发学生学习口语交际的主动性，有利于学生产生身临其境之感。口语交际的表达与环境因素的关系极为密切，不同的环境对口语交际表达的具体要求不一样。例如，面对不同的交流对象，说话的称呼、语气都会不一样，这是得体表达的一个基础性要求。再如，为了提高口语交际效果，要适度增加神态语言、肢体语言，以帮助口语交际产生更高质量的互动效果。

四、结合阅读，设计补充活动

语文教材的课文，所涉及的生活领域非常广阔，这也为我们开展口语交际活动提供了丰富的素材。

【案例四】

学习八年级下册第四单元《我一生中的重要抉择》一课，可以设计口语交际活动，活动分为两个环节：

第一环节，请学生查阅本文作者王选的相关资料，并以主持人身份，向同学们做简要介绍（不超过 100 个字）。

第二环节，请同学们谈谈听完介绍后的感受，说一说对作者王选又增加了哪些了解，并请同学们进行补充性介绍。

这个口语交际活动，对说话内容、字数等方面有限定，所以更强调主持人对材料的把握角度，强调主持人与听众之间在思想、情感等方面产生的共鸣，以配合对课文的深入学习。

结合课文阅读，设计口语交际活动的关键是强调阅读的评价。

【案例五】

学习九年级上册第五单元《谈创造性思维》一课，课文提到“孜孜不倦地汲取知识；运用知识的能力；探求新事物，并为此而活用知识的态度和意识；持之以恒地进行各种尝试”是创造性思维必需的要素。教师安排口语交际活动：“请你和同桌聊一聊，你同意这四点是创造性思维必需的要素吗？对于创造性思维必需的要素你还有哪些补充，并说明自己的理由。还有哪些，为什么？”这一口语交际活动，突破了对阅读感受的交流，加强了对学生判断、质疑等思维的培养，在思考与表达，聆听与分析，质疑与释疑的过程中，引导语文学习向纵深方向发展，把思、听、说、辩等思维活动融合在一起，使学生在富有个性和积极思维的口语交际行为中，有效提升了自己发现问题、解决问题的能力。

第二章
多元拓展——“1＋X”与发展性研究

第一节　确定阅读策略，增加阅读量

问题描述

教学中，我们发现对学生阅读计划的指导还是相对有些薄弱的。有充裕的阅读时间保障是学生阅读过程中所遇到的明显困难之一。从阅读效果来看，阅读总量达到《义务教育语文课程标准(2011 年版)》对 7～9 年级学生所提出的“课外阅读总量不少于 260 万字”这一要求也有一定困难。分析课外阅读现状，学生的阅读领域相对集中于奇闻轶事、自然奥秘、侦探故事等内容；学生的阅读形式相对集中于用手机、电脑进行快餐式浏览，对于文学作品、哲学历史作品、实用类文本作品的阅读涉及相对较少。

原因阐释

从社会生活的角度来分析，随着信息化应用普及越来越广泛，网络阅读快速发展，表现出便于浏览、互动交流等特点，其阅读形式日渐被大家接受，并普遍应用于生活。

初中学生具有好奇心强、喜欢变化、易于接受新鲜事物等特点，因此比较喜欢更新快、内容多元的网络阅读。再加上他们的成长一直伴随着电视、网络的发展，对于声、像等阅读方式非常熟悉，应用也很熟练，所以对文字的阅读自然而然表现出数字化特点。从学习任务的角度来看，课内学习占据了学生大部分的生活时间，因此难以保障充分的课外阅读时间。

分析常态语文学习现状可知，介绍作家及作品创作背景、了解内容、理清结构、理解主旨内涵等相对统一的阅读教学流程，在一定程度上减弱了对学生个性化阅读发展的关注，很难激发学生的阅读兴趣和阅读热情。

建议解析与案例分享

在教学中增加阅读量，可以确定遵循“以课内阅读促课外阅读拓展”的策略，引领学生形成共识：增加阅读总量，对于了解多元文化特色、提高自我文化素养、提升思维能力，都具有积极的实践意义。阅读教学实践证明，虽然“部编本”新教材力图把教读、自读、课外阅读三者结合起来，但教材教学所提供的课文数量有限，阅读量远远不够，依然需要老师们在阅读教学中不断“加码”。

【案例一】

学习九年级上册第二单元《论教养》一课，我们可以增加与本文相似的两篇文章《择善而从》《跃出误区的艺术》，也可以增加《培养自己的“静能量”》等议论文阅读，这样就可以帮助学生进一步体会议论文具有说理性的文体特点：剖析事物，论述事理，发表意见，提出主张，一般通过摆事实、讲道理、辨是非等方法来表达观点，并且应该是观点明确、论据充分、语言精练、论证合理、有严密的逻辑性。在海量阅读实践中，只有以学生作为阅读主体，才有可能进一步促进他们的语言储备，不断提高学生的语文素养，促进语文课程改革不断深化。

确定了“以课内阅读促课外阅读拓展”的教学策略，我们就可以设定阅读教学总体目标：

1. 培养阅读兴趣，促进广泛阅读，养成良好阅读习惯；

2. 科学选择阅读，丰富阅读体验，提升内涵领悟能力；

3. 彰显阅读个性，体验审美乐趣，为健康成长奠基。

实践证明，只有在课内阅读行为中感受到读中有乐，乐中有趣，才有助于逐渐形成阅读习惯，激发审美感悟，也才能越来越热爱阅读。“部编本”语文教材体现了《义务教育语文课程标准(2011 年版)》的要求，提倡“多读书，读好书，好读书，读整本的书”，把课外阅读纳入教材，多数课后思考题或拓展题，也都有课外阅读的提示引导。

【案例二】

学习八年级上册第二单元茨威格的《列夫·托尔斯泰》时，就可以充分利用书后练习“有兴趣的同学可以阅读《托尔斯泰》全文或《三作家》全书，还可以进一步阅读茨威格的《三大师》，走进伟大作家的内心世界。”完成练习的过程建议分为三个环节：第一环节，全体同学必读《托尔斯泰》全文，并和课文进行比较，选择自己感受最深刻的一点写一篇不低于300字的阅读感悟；第二环节，全班自由组合，阅读《三大师》，大家合作完成阅读任务，并为每一位大师写一段100字左右的推荐语，向其他没有读过《三大师》的老师或同学进行介绍；第三环节，请感兴趣的同学阅读《三作家》整本书，并做好读书笔记，与全班同学做深入交流。可见，“以课内阅读促课外阅读拓展”的教学策略有效保障了学生阅读量的增加。

建立“以课内阅读促课外阅读拓展”的阅读体系，要充分发挥文化的教化力量，引领学生在学会搜集、分析相关信息和资料的过程中将阅读内容传递出来的各类信息和自己的已知信息建立联系，并对这种联系加以分析，促进阅读能力的形成与发展，促进文化素养与道德素质的持续提升，促进学生兼具现代意识和发展眼光，加强文化底蕴，为未来生活做好相应储备，健康、和谐地全面发展。

第二节　关注“1＋X”，开展主题拓展阅读活动

问题描述

在阅读教学中，根据教材的单元设置，按照一篇课文安排两到三课时的教学时间，从前到后进行条分缕析式全面讲解是比较常见的教学设计。如何让每册教材、每个单元、每篇课文的学习思路各有特色，以促进学生独立阅读的能力提升，是我们在教学中要突破的重点之一，帮助学生提高阅读速度，引导学生积累丰富的阅读方法，启发学生在阅读中产生独立的创新性思考等问题，也是有待语文老师进行深入研究的课题。

原因阐释

长期以来，语文阅读教学的主要思路之一是“整体感知—细致分析—品味赏析—感悟拓展”。毫无疑问，这样的教学思路在准确理解文意，深刻理解主题，积累语言等方面均有积极的引领作用。然而，长期下来就很容易造成“阅读方法单一化”现象。学生对于精读积累了较多经验，而对于默读、浏览、跳读、猜读、比较阅读等阅读方法的掌握相对较弱，因而会出现阅读速度比较缓慢的现象。再从阅读视野和阅读积极性等方面分析学情现状，我们就可以聚焦“如何选择适宜的阅读兴趣激发点”这一问题。在教学中，依然存在的一种现象是教师根据教学参考书的提示带领学生逐一进行分析讲解，形成统一答案。在此过程中，一般情况下教师讲的多，学生记的多；教师放手少，学生深入思考的练习相对较少。长期下来，学生很难持续提高深入理解文本和创新思考的能力，自然也就很难形成良好的阅读习惯，并不断提升阅读素养了。

建议解析与案例分享

倾诉能力是阅读能力的外显。学习中，提高倾诉能力的前提，是先要吸收大量的外部信息，再将这些信息融会贯通内化为自己的理解，并形成语言表达。因此，研究阅读教学，首先要研究如何开拓阅读路径以扩大阅读总量。全国统编教材总编温儒敏表示，“部编本”语文新教材是以“读书为要”。他指出：“最好的阅读课是往外延伸的，统编教材重视将阅读往课外延拓。”为此，在教学中我们推荐开展“主题化‘1＋X’拓展阅读”实践，以扎实落实部编本语文教材编写理念，不断拓宽学生的阅读领域，增加阅读量。

一、主题化“1＋X”拓展阅读的教学策略解析

（一）关于主题化“1＋X”拓展阅读教学策略的理解

主题化“1＋X”拓展阅读，是一种以教材为中心向外延伸阅读内容，以引导学生接触更多阅读素材，拓宽视野，提升阅读力，得到更多阅读收获的拓展性阅读方式。主题化“1＋X”拓展阅读的主要特点是教师根据学生所学课文确定阅读主题，并指导学生阅读相关主题材料，引领学生开展“一篇带多篇”的课外阅读活动。

（二）关于主题化“1＋X”拓展阅读教学策略的可行性分析

1. 灵活运用阅读方法，为顺利开展主题化“1＋X”拓展阅读活动提供有效保障

在今天的信息化时代里，阅读方式已经发生巨大改变，阅读的信息化特点以迅猛之势改变着人们的阅读习惯。那么，如何在海量阅读信息里通过有效提取与整合，实现阅读效果最大化？这就对充分发挥阅读教学的选择性功能提出了更高要求。

从阅读教学现状来看，我们要求学生多读书、读好书，而对学生“怎样多读书，如何读好书”的实践性指导却相对较少。这是造成学生阅读方法比较单一的一个重要原因。也正因此，“以‘精读’为基点，辐射默读、浏览等多种

阅读方式的实践”就成为开展“1＋X”拓展阅读活动而需要加强研究的一项重要内容。(如图 2－1)

图 2－1 主题化“1＋X”拓展阅读教学多元阅读方法辐射图

2.促进多元思维发展，为设计开发主题化“1＋X”拓展阅读活动提供必要条件

教学中，教材只能提供少量的课文，其阅读量远远满足不了学生提升语文素养的需求。在主题化“1＋X”拓展阅读实践中，丰富的文本资源是学生进行阅读的前提和载体，确定“1”与“X”之间的关联点是保障阅读质量、发展多元阅读思维的关键。例如，教师组织学生对同一主题领域的素材进行拓展阅读，有助于学生在增加阅读兴趣、开阔视野的过程中，获得阅读量的增加，促进感性认识和理性认知同时获得发展，循序渐进地发展“关联性思维”。

二、主题化“1＋X”拓展阅读教学目标

通过采取“1＋X”的主题化阅读形式来拓展阅读延伸，即学习一篇课文，以一个相对集中的主题为切入，附加若干篇课外阅读文章，促进经典诵读、海量阅读与教材阅读同步，并获得最大可能性的拓展，促进学生广读博览、发展

智力，为语文素养的提升提供广阔平台。

三、主题化“1＋X”拓展阅读教学路径开发

（一）合理安排，保障阅读时间

阅读时间是阅读的保证。由于学科学习时间分配、新授课与考试复习安排、课内学习与课余时间规划等原因，当前初中学生在阅读中确实存在缺乏阅读时间保障的情况。因此，开展“1＋X”拓展阅读活动，首要解决的问题应该是保障学生的阅读时间。

1. 课时安排有规划

开展主题化“1＋X”拓展阅读活动，保障课时就是保障阅读实施的可能性。一般来说，主题化“1＋X”拓展阅读内容可以分为必读篇目和自读篇目两部分，其课时保障主要来源于语文教师利用语文课已有课时，合理规划教材教学内容，从语文课时内部实现阅读时间的拓展。

【案例一】

根据八年级上册语文教材的特点，我们以单元教学为依托，安排设计了12课时的主题化“1＋X”拓展阅读活动，其中包括必读篇目推荐和自选篇目推荐两部分。（见表2—1）

表 2—1　八年级上册语文教材主题拓展阅读教学规划表

	拓展阅读主题	拓展阅读能力发展目标	必读篇目推荐	自选篇目推荐
第一课时 第二课时	第一单元（变化社会）	阅读新闻类文章，把握新闻各类题材的特点；获取主要信息；体会作者的态度倾向。	(1)《超越金牌 不忘初心》(《人民日报》2016 年 8 月 22) (2)《习近平：切实学懂弄通做实党的十九大精神 努力在新时代开启新征程续写新篇章》(2017 年 10 月 28 日新华社) (3)魏巍《谁是最可爱的人》 (4)《一箭七星 海天相接》(《人民日报》2019 年 6 月 06 日)	(1)《袁隆平：稻田"守望者"》(2017 年 1 月 29 日央视网) (2)《中国遗产保护的不平凡之路》(《人民日报》2019 年 7 月 27 日)
第三课时 第四课时	第二单元（生活记忆）	把握传记、回忆性散文特点，学习刻画人物的方法，对人物和实践有自己的判断。	(1)《几多苦乐 用心陪伴》(《光明日报》2019 年 9 月 10 日) (2)老舍《我的母亲》 (3)邹韬奋《我的母亲》 (4)《居里夫人传》	(1)《呐喊》自序 (2)人物传记片《要走自己的路》(2013 年 3 月 27 日人民网) (3)茨威格《三大师》 (4)许寿裳《亡友鲁迅印象记》
第五课时 第六课时	第三单元（山川美景）	阅读写景类古诗文、现代散文，感受山川之美。	(1)《水经注·西陵峡》 (2)吴均《与施从事书》《与顾章书》 (3)孟浩然《陪姚使君题惠上人房》 (4)王维《辋川别业》 (5)刘白羽《长江三峡》 (6)池莉《我在新疆看见了飞碟》	(1)《水经注·江水》 (2)武元衡《春兴》 (3)郑谷《柳》 (4)朱自清《松堂游记》 (5)吴伯箫《天涯》

（续表）

	拓展阅读主题	拓展阅读能力发展目标	必读篇目推荐	自选篇目推荐
第七课时 第八课时	第四单元（情感哲思）	阅读不同类型的散文，把握其共性和个性，注意朗读，体会作者对生活的态度。	(1)古清生《一朵小花》 (2)张抗抗《地下森林断想》 (3)朱自清《潭柘寺戒坛寺》 (4)陈创《野菊花 》 (5)李雪峰《生命之芯》 (6)贾平凹《访兰》	(1)钟树梁《赞成都百花园》 (2)勃兰兑斯《人生》 (3)莫言《童年读书》 (4)刘心武《让情感的森林永远青葱》 (5)凝石《书斋——中国文人的精神家园》
第九课时 第十课时	第五单元（文明印记）	把握说明对象的特征，体会说明文特点。	(1)欧阳军《动物的眼睛》 (2)竺可桢《天空的表情》 (3)李君印《揭开害羞之谜》 (4)刘小方《古蜀栈道》 (5)宋淑运《城市绿墙》 (6)刘露《熠熠发光的虚拟现实技术》	(1)李栓科《被妖魔化的沙尘暴》 (2)陈庚《别惹乌鸦》 (3)永遇乐《宜万铁路——“桥隧博物馆”》 (4)兰政文《当心生活中的核辐射》
第十一课时 第十二课时	第六单元（情感志趣）	阅读古代散文及现代散文，理解内容、情感。	(1)沈周《记雪月之观》 (2)李叔同《送别》 (3)李白《金陵酒肆留别》 (4)李乐薇《我的空中楼阁》 (5)苏雪林《秃的梧桐》	(1)韦应物《赋得暮雨送李曹》 (2)张九成《竹轩记》 (3)许地山《落花生》 (4)林语堂《说北平》

2.课时安排自主化

如果学校管理、学情状况、教学内容等各方面条件均比较成熟，教师还可以根据学情需要适当增加阅读时间的安排。

【案例二】

学习《从百草园到三味书屋》一课时，老师请同学们说一说“印象中的鲁迅”。大多数同学只能简单说出鲁迅先生的作品比较难读等直观感觉。为丰富学生的阅读积累，全面了解鲁迅先生，备课组老师把名著阅读《朝花夕拾》的内容增加到主题化“1+X”拓展阅读活动安排中。用4课时（具体安排见表2—2），完成师生共读后重新开展“说一说印象中的鲁迅”讨论活动，学生谈论的话题变得多元而且深入。例如，鲁迅先生童年时代的家庭生活和私塾生活；从家乡到南京，又到日本的求学经历；青年知识分子在旧中国茫茫黑夜中不畏艰险，寻找光明的困难历程；对往日亲友、师长的怀念之情，等等。特别是对鲁迅先生思想的深刻性和强烈的反封建思想等话题，大家都谈出了自己比较深刻的见解。很多学生由衷表达阅读体验：“读书是一件很有趣的事，第一次觉得自己和思想深邃的鲁迅先生竟有如此之近的距离。”

表2—2 《从百草园到三味书屋》拓展阅读活动安排表

拓展阅读阶段	第一阶段			第二阶段
	第一周	第二周	第三周	第四周
拓展阅读主题	儿时回忆 与人交往	求学经历	生活感悟 思想触动	印象中的鲁迅
拓展阅读任务	《阿长与山海经》 《五猖会》 《范爱农》	《从百草园到三味书屋》 《琐记》 《藤野先生》	《二十四孝图》 《无常》 《狗·猫·鼠》 《父亲的病》	整理读书笔记
拓展阅读时间	1课时	1课时	1课时	1课时
拓展阅读讨论形式	做批注 写读书笔记	做批注 写读书笔记	做批注 写读书笔记	汇报阅读成果 交流会

（二）做好方法指导，开展真正的阅读

主题化“1+X”拓展阅读活动的积极意义就在于引导学生开展真正意义

的阅读活动:有阅读期望、有阅读过程、有阅读思考。主题化“1＋X”拓展阅读活动,即是引导学生加强自我阅读体验,并主动获得阅读积累和阅读经验。开展主题化“1＋X”拓展阅读活动,教师要更多关注怎样帮助学生做好阅读方法积累,以保障学生有更高质量的阅读过程。

【案例三】

学习九年级上册第四单元,开展多种阅读方法指导下的“1＋X”拓展阅读活动。

表 2—3 九年级上册第四单元综合运用多元阅读方法的“1＋X”拓展阅读说明表

拓展阅读 课文	作者	推荐阅读篇目	阅读方法及说明
《故乡》	鲁迅	《〈呐喊〉自序》	精读。阅读要求:请每一位同学用加批注的方式详细做出阅读笔记。
《我的叔叔于勒》	莫泊桑	《项链》	猜读,比较阅读。阅读要求: (1)请在阅读每一段情节之后稍做停歇,猜测人物在后面的情节里会有怎样的变化?故事还会怎样发展? (2)继续阅读,请比较小说结局与自己设计的结局有哪些不一样的地方。 (3)请从小说人物、情节、内涵、结构等方面对比这两篇小说的异同点,并进一步做类比分析。请总结莫泊桑短篇小说的特点。 本活动在学生独立完成的基础上,围绕上面三个阅读任务,组成阅读小组,合作完成阅读报告,题目自拟。
《孤独之旅》	曹文轩	《我的语文老师》	以默读、浏览的方式,进行完整阅读,并思考自己的阅读感受,有兴趣的同学可以任选角度,完成一篇阅读笔记。

这一单元的拓展阅读，阅读周期比较长，学生在整体阅读、思考分析、表达感受、整理体会、总结交流的过程中，其感知、分析、比较等逻辑思维在阅读深度与广度的拓展中均获得积极的发展。

（三）丰富活动过程，提升阅读深度

阅读是读者、作者、作品三者之间相互碰撞产生共鸣的一个过程。如果仅仅是停留在捧卷阅读文字的层面，虽然墨香浸润，但却会因缺少思考与感悟，降低读书活动对学生的感染力和影响力。学生的年龄决定了他们喜欢变化的特点，因此，实施主题化“1＋X”拓展阅读活动，还要注重与其他各种类型的活动相结合，以展现阅读灵活多元的特点。例如，主题化“1＋X”拓展阅读活动可以与经典摘抄、制作手抄报、朗诵表演等多种活动形式结合起来，既能有效避免“苦读”，又可以增加阅读趣味性，提升阅读理解的深度。

【案例四】

学习朱德《回忆我的母亲》一文时，教师开展了以“温暖一家”为主题的阅读拓展活动。拓展阅读篇目是：李小刀《带三句话上路》，迟子建《故乡的吃食》，宫佳《母亲的刺绣时光》，毕淑敏《常读常新的人鱼公主》。由于这一组拓展阅读篇目都蕴含着浓浓的亲情，所以分为课前准备、课堂阅读、课后再读三个环节。

第一环节：一起走进“书香家庭”。邀请家长和“我”一起自选一篇进行阅读，并邀请家长和“我”一起交流这次“共读”的具体感受，为自己写一段阅读寄语。

第二环节：一起走进“书香教室”。在拓展阅读课上，学生开展阅读活动，做好批注，完成小组交流。

第三环节：一起走进“书香心灵”。课后作业是结合家长寄语和自己的批注，开展“我是阅读之星”手抄报制作活动。通过再读文章，认真写作读书摘记、心得体会，并以展览的形式在班级内部进行整体交流。

丰富的阅读过程，可以充分调用各种信息资源，例如，读书栏目的视频，各种录音应用程序等，学生已有的知识经验及家长支持等。在阅读过程中，学校图书馆、实验室、社区图书馆、博物馆、展览馆、科技馆等都是可以利用的阅读资源。在网络化的时代里，多元化的阅读信息需要多元化的阅读活动来支持，这样就可以在阅读推广的道路上越走越深远。

第三节　加强拓展阅读教学的发展性研究

问题描述

主题化"1+X"拓展阅读的内容，在不改变原有教学内容的基础上，选择与课内文章在内容上、写法上、情感上相关的课外文章，为学生补充相关阅读篇目，帮助学生增加阅读量。当学生的阅读兴趣被调动起来以后，学生的阅读期待快速提高，既渴望阅读更加广泛的作品，又期望自己可以参与阅读拓展篇目的选择。与此同时，主题化"1+X" 拓展阅读选文同向性问题在实践中也很快就表现出来。结合当前的教学情况，如何进行主题化"1+X"拓展阅读教学的发展性研究，以满足学生在拓展阅读方面的具体需求，就成为语文教师面临的新问题。

原因阐释

主题化"1+X"拓展阅读的阅读方式虽然保障了学生的阅读总量，但在教学实践中却出现了发展瓶颈，其主要原因是对于主题化"1+X"阅读篇目的开发路径相对狭窄，大多集中于对同一作者的不同篇目或同一文体若干篇目的开发。这样的开发路径相对于教材课文来说，确实取得了一定程度的拓展，但对于"窥一斑而知全豹"的立体化拓展来说局限性还是较为明显。再加上教学中还要给予更大力度的 "放手"，以培养学生独立学习的好习惯，这就需要我们在主题化"1+X"拓展阅读的实践中，不断加强开放性研究。

建议解析与案例分享

"以学生为主体"是我们必须坚持的教学原则。主题化"1+X"拓展阅读教学鼓励学生拓宽阅读领域，在自主阅读行为过程中，不断提高主动搜集、分析相关信息和资料的能力，并将阅读内容所反映出来的各类信息和已有信息相关联，以促进其阅读能力的形成与发展。开展主题化“1＋X”拓展阅读教学发展性研究，建议从以下两个角度展开：

第一，横纵结合，立体化开拓。

开展主题化“1＋X”横纵结合研究，可以集中于两个方面：一个是对“1”的多角度拓展，一个是对“X”的多角度拓展，以形成双向拓展。横向与纵向的立体化开发，有利于将学生的阅读行为引向更加深入、广泛的阅读领域。

“部编本”语文教材“双线组元”的结构特点，要求教师在备课时有单元整体意识，充分考虑到教材内部单元与单元之间，单元内部课文与课文之间的区别与联系，这就为我们从横纵双向进行阅读篇目的拓展提供了实践依据。

【案例一】

七年级上册第二单元有四篇课文。本单元的教学计划如表2—4：

表2—4　七年级上册第二单元教学时间分配表

	课文题目	课时安排	总课时
七年级上册 第二单元	《秋天的怀念》	2课时	8课时
	《散步》	2课时	
	散文诗两首《金色花》《荷叶 母亲》	2课时	
	《世说新语》二则《咏雪》《陈太丘与友期行》	2课时	

分析本单元的双线组元结构(见表2—4)：

根据上面双线组元结构特点，通过比较阅读的方法，重新安排课时计划，如图表2—5：

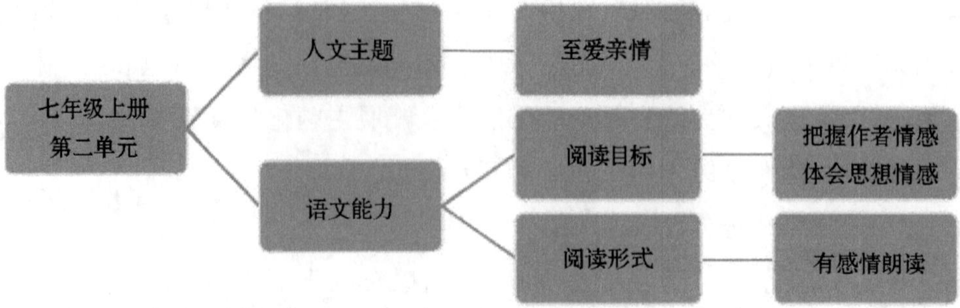

图 2—2　七年级上册第二单元双线组元结构表

表 2—5　七年级上册第二单元教学时间分配表(修订)

<table>
<tr><td rowspan="4">七年级上册第二单元</td><td>课文题目</td><td>课时安排</td><td>总课时</td></tr>
<tr><td>《秋天的怀念》
《散步》 } 比较阅读</td><td>3 课时</td><td rowspan="3">本单元共安排 8 课时教学时间，其中有 2 课时为拓展阅读。实施方法：教师提前准备好拓展阅读文本，学生自选顺序，按照相关阅读任务有序完成。有兴趣的同学可以自主完成阅读随笔。</td></tr>
<tr><td>散文诗两首
《金色花》
《荷叶 母亲》 } 比较阅读</td><td>1 课时</td></tr>
<tr><td>《世说新语》二则《咏雪》《陈太丘与友期行》</td><td>2 课时</td></tr>
</table>

从图 2—3 可以看出，对于《秋天的怀念》这篇课文，遵循主题性“1+X”的拓展原则进行发展性研究。首先开发“1”，在同一作者、相同文体的基础上，又拓展了共同主题、同类题材、相关评价、共同写法四个阅读角度；然后针对每一个“1”分别开发“X”篇，每个角度开发 1～2 篇文章。可见，横纵立体化的拓展阅读活动，关键是找到拓展支点，每一个支点都可以撬动多篇文章，从而实现由单一到多元再到多元复合的阅读状态，学生在阅读中体会某一类文章的特点，既能加深对文章的理解，也能学以致用，促进阅读经验的积累。

第二，自主设计，主体化开拓。

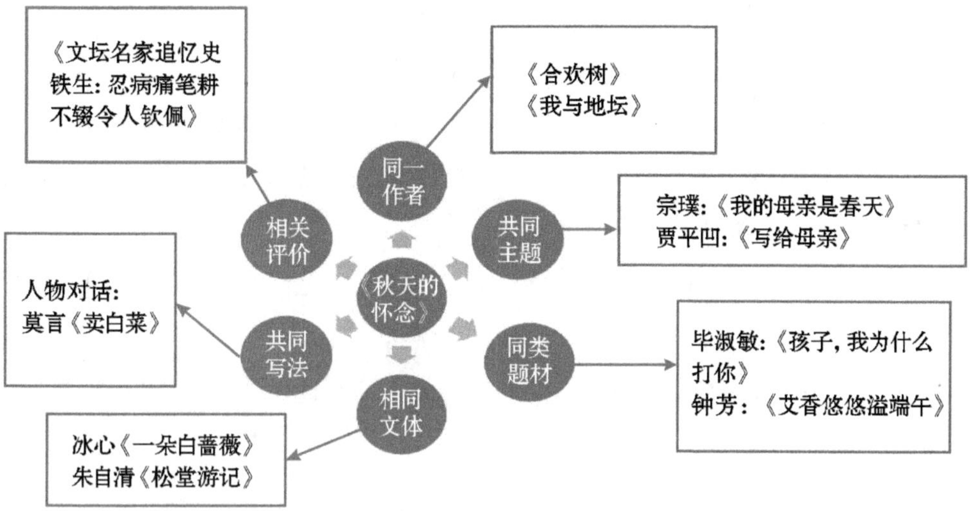

图 2－3　《秋天的怀念》2 课时“拓展阅读”实施说明表

在指导学生自主设计，实现主体化开拓阅读过程中，教师指导要始终聚焦于“广泛开拓阅读思路”的教学重点上。

【案例二】

学习七年级下册第二单元《黄河颂》《最后一课》《土地的誓言》《木兰诗》时，结合本单元课文具有很强时代感和抒情性的特点，教师可以把拓展阅读活动分为补充性拓展阅读、迁移性拓展阅读、比较性拓展阅读三种类型。“补充性拓展阅读”主要是对文本阅读能产生积极辅助作用的拓展阅读，例如，有关课文创作背景的阅读。“迁移性拓展阅读”，可以从内容拓展迁移和能力拓展迁移两个层面确定拓展阅读篇目。例如，围绕《土地的誓言》，设定拓展阅读主题为“眷恋故乡”，并选择相对应的阅读篇目，这是对于内容的拓展；从对一篇课文抒情性的评价拓展为评价一类文体抒怀方式的拓展阅读行为，这是对于能力的拓展。“比较性拓展阅读”是指通过比较鉴赏，体会拓展阅读文本之间的异同点。例如，从《木兰诗》拓展阅读其他乐府诗歌，并通过比较阅读，了解探究乐府诗歌的特点，从而增加自我阅读体验。在具体操作过程中，可以首先组建若干学习小组；然后组织小组开展研讨活动，组员自主选择本小组的拓展阅读活动类型；接下来确定阅读篇目，开展阅读，总结阅读体验；本小组阅读任务完成后，可以与其他小组互相交流阅读内容，继续深化拓展阅读活动，实现拓展阅读视域的不断发展。

主题化“1＋X”拓展阅读的发展性研究，意在挖掘阅读深度，拓宽阅读广度，进行多元立体的群文整合建构，使阅读活动由课内阅读一篇课文延展为立体化课外群文阅读，引导学生阅读收到“读一篇而通一类”的效果。

第四节　重视拓展阅读教学活动的开发

问题描述

落实对学生语文学科核心素养的培养,我们要认真审视当前教与学方式存在的优势与不足,思考需要做出哪些改变。对拓展阅读教学活动的开发,若仅停留在阅读层面,对于学生语文素养的提升就依然还是处于单轨道,一定要立足于“语言建构与运用”“思维发展与提升”“审美鉴赏与创造”“文化传承与理解”语文学科核心素养的整体提升。因此,怎样才能以阅读素养的提升来促进学生语文素养的综合提升,已经成为开展阅读拓展活动的一个关键问题。

原因阐释

“部编本”语文教材自2016年开始使用以来,对于教材使用过程中的整合、拓展与开发,都还处于初步探索阶段。对于语文学科核心素养在教学中如何落实的研究同样处于初步探索阶段。分析当前语文教学研究现状,对“如何以阅读素养提升来促进学生语文素养综合提升”的研究,成果还比较少。为此,我们在教学实践中要不断探索,加强总结与交流,以促进学生语文学科素养的综合提升。

建议解析与案例分享

重视拓展阅读教学活动的开发,首先要重视对拓展阅读文本的选择,如何把握选文质量是我们要研究的重点问题。在阅读实践中,把握拓展阅读选文质量,可以关注以下三个策略:

（一）融合性

开展阅读拓展活动，选文质量是关键。对于选文的要求，首先要能够从“语言建构与运用”“思维发展与提升”“审美鉴赏与创造”“文化传承与理解”四个方面体现语文学科核心素养。促进学生提升语文学科核心素养，不可能单独发展某一方面，一定是彼此互促互融，因此，我们的选文及阅读活动安排需要以促进语言发展为核心，并且还要有计划、有目的地促进学生思维、审美、文化等方面素养的提升，以体现教与学方式的改变与发展。我们在选择拓展阅读文本及开展具体活动时，一定要注重对阅读资源的整合，能够围绕“1＋X”的主题形成由易到难、由简单到复杂、由此及彼或由单一到类别等某种序列，使学生能够在感知、理解、分析、感悟、反思等思维发展的不同阶段，形成迁移、类化、质疑、对比等思维的发展，从而促进语文素养的综合性提升。

（二）切合性

加强拓展阅读文本的切合性，首先要考虑切合学生的学情需求。文章的阅读内容是否符合学生实际水平，阅读难度高于或低于学生实际，都会影响阅读效果，也很难促进阅读思维的发展。其次要考虑切合教师的教情需求。拓展阅读教学的直接目的是增加学生阅读量，拓宽学生阅读视野。因此，在选文时一定要注意选择角度的多元化，例如，主题各异、风格各异、题材各异、体裁各异等，以在拓展阅读中实现各个阅读类型互补。

（三）贯通性

文本拓展阅读的时间，一般都不会仅局限于课堂上，还要根据具体需要合理安排在课前预习或延伸到课后。例如，学习历史背景比较特殊的课文，对于背景介绍类的拓展阅读补充，就需要安排在上课前，以帮助学生读懂课文。而评价类拓展阅读就适合安排在课后，否则会给学生的独立性阅读带来过多提示，降低学生阅读体验的主体性效果。

开发拓展阅读活动强调学生主体的阅读体验，但由于主题性“1＋X”拓展阅读活动具有海量阅读的特点，在教学指导中很难做到整齐划一，所以就要更多关注个性化的主体参与程度。常见的拓展阅读活动形式主要有以下六个：

1.鼓励做批注或写读书笔记

为了使学生养成踏实认真的读书习惯，巩固课外阅读成果，做批注和写读书笔记都是非常实用的好办法。读书笔记的形式丰富多样，例如美文摘录、词汇积累、警句辑录、写故事梗概、读后感、人物简析、归纳写作特点，等等。

2.选择适当的读书方法

学生在实际阅读中不可能做到面面俱到，而应该重点突出、讲究实效。因此，不是所有文章都要精读细赏，而是要灵活运用浏览、泛读、速读、精读等不同阅读方法。在阅读中，要引导学生逐步形成选择性读书的意识，即：能够根据不同文体、不同读书目的以及自我需要，采用不同阅读方法。例如，阅读议论文，如果阅读目的是为写议论文积累论据，那么建议名言警句、典型事例都运用精读的方法；阅读文学作品，如果阅读目的是为了学习塑造人物形象的方法，那么建议对主要人物的主要事件进行精读，而次要人物及事件就可以略读。

3.增设补充阅读主讲人

有一些拓展阅读材料的内容是有一定难度的，这就需要教师在教材文本和拓展阅读文本之间架起一道辅助桥梁，“增设补充阅读主讲人”即是一个简单易行的好办法。

【案例一】

例如，学习七年级下册第六单元茨威格《伟大的悲剧》一课，教师设置的一项阅读内容是茨威格《滑铁卢的一分钟》，其中涉及的背景“滑铁卢战役”，对学生而言相对陌生。班里有一位喜欢历史的学生对这篇阅读产生了浓厚的兴趣，教师便以此为契机，指导这位同学查找相关的历史背景、事件、人物等内容，经过整理后通过“我是主讲人”的活动分享给同学们，在此基础上再开展全班范围内的文本拓展阅读活动。本次活动在学生主体参与程度和阅读质量方面均取得较好效果。

4. 重视“重复阅读”体验

很多文章需要反复阅读才能理解其内涵及价值。在拓展阅读实践中，要善于帮助学生创造“重复阅读”的机会，实现“温故而知新”。

【案例二】

学习九年级上册课文《故乡》时，教师设计了拓展阅读环节，请学生阅读张金凤的《踏雪归乡》，并请同学们说一说自己的阅读感悟。同学们的发言阅读感受趋同度很高，基本聚焦于感悟文中的抒情特点。为了拓展思维的宽度，教师增加了阅读思考限制：“请再读文章，从文章语言特点的角度谈一谈自己的阅读感悟。”“请再读文章，结合《故乡》，自选角度分析两篇文章的异同点。”这两项练习，针对阅读中所出现的问题自然生成。学生前后阅读三遍，每一次阅读任务都不一样，而阅读成果却在深度和广度两个方面同时获得拓展。可见，组织学生开展“重复阅读”活动，鼓励学生养成“不动笔墨不读书”的阅读习惯，促使学生养成及时记录阅读心得的习惯，可有效增强阅读成果在各个不同阶段的积累。

5. 注意阅读“序列”的安排

开展主题化“1＋X”拓展阅读活动，教师还应注重帮助学生形成“序列读书”的习惯。例如，对于系列篇目的阅读，学生可以先通过网络浏览内容概要、评价分析，然后列出自己感兴趣的序列：或以时间为序，或以篇幅为序，等等。这样就可以结合自己的阅读兴趣，促使阅读效果最大化。

【案例三】

教学七年级下册第四单元梁启超《最苦与最乐》一课，教师增加了一节自主拓展阅读课，推荐的阅读篇目是梁启超的四篇散文《论毅力》《少年中国说》《亡友夏穗卿先生》《学问之趣味》。教师组织学生百度查找各篇文章的简介，自主安排阅读顺序。班级学生对这四篇文章的阅读排序主要有以下三种类型：

排序一，按照教师给的顺序，按部就班开展阅读。

排序二，以体裁分类为序：《亡友夏穗卿先生》《少年中国说》《学问之趣味》《论毅力》或《少年中国说》《学问之趣味》《论毅力》《亡友夏穗卿先生》。

排序三，以阅读内容的难易程度为序：《少年中国说》《学问之趣味》《亡友夏穗卿先生》《论毅力》或《少年中国说》《亡友夏穗卿先生》《论毅力》《学问之趣味》。

从效果上来看，学生积极主动地进行阅读选择和自主排序，有效提升了学生对“我的阅读我做主”的阅读效果。

6.加强对教材文本的开发

怎样加强对教材文本的开发呢？根据我们的教学实践，主要推荐以下三种方法：

(1)从教材出发——借鉴教材精讲课和自读课的处理，逐步建设“教读—自读—课外阅读”组成的“三位一体”拓展阅读教学结构。具体环节流程如图2—4：

图2—4　教读课“三位一体”拓展阅读教学结构表

【案例四】

“部编本”七年级语文下册，学生学习第18课《一颗小桃树》之后，可开展三位一体的拓展阅读活动，具体设计如下：

图2—5　自读课“三位一体”拓展阅读教学结构表

(2)从习惯出发——长期开展“读书储蓄”活动，促进学生阅读量逐步增加。

为了保持学生阅读兴趣的持续提升，建议开展“阶段性阅读推广”活动。

【案例五】

老师在教学中通过“读书加分”的方式大力开展“读书储蓄”的阅读积累活动。学生每阅读完一篇文章或者一本书，就可以换1枚读书印章，达到10枚时，可以换一篇文章加读；达到50枚时，可以换一部书籍来加读。以此形成读书时间和读书量之间的正循环。

(3)从环境出发—— 建立“读书漂流”接力阅读管理机制。

【案例六】

为了推广读书活动，教师组织开展了“读书漂流”活动，请同学们为自己喜爱的一本书设计一张漂流卡。首先组织同学们开展自主阅读，并把内容简介和读书感悟写在漂流卡上，图书和图书卡片都放在班级固定位置。其他同学可以根据内容简介和自己的喜好，进行接力借阅。这样的活动方式，就从简单的“交换书籍”升级为“交流阅读”。实践证明，开展“读书漂流”活动，有

助于最大限度地提升学生阅读的主动性，潜移默化地激发学生的阅读兴趣，对形成良好的阅读氛围具有积极的影响作用。

“部编本”语文教材在阅读体系构建方面的编写理念非常明确，即强调阅读在语文学习中的核心作用。主题化“1＋X”拓展阅读活动是语文阅读课的延伸，突出体现了课内联动课外，推动阅读深入开展的特点。以语言运用为中心的阅读过程，注重识字、口语交际、写作等有机结合，将语言能力提升和思维能力发展紧密结合起来；注重多元化阅读方法指导；在有限时间里提高阅读实效性，增加阅读总量。在今后的教学中，我们还应探索更多有效方法，拓宽学生视野、发展其心智、陶冶其情感、促进学生语文综合素养的不断提升，帮助学生开辟更加广阔的阅读天地，在阅读中体验成长的快乐。

第三章
读写结合——整合研究与融合发展

第一节 充分理解“读写结合”教学研究的意义

问题描述

一直以来，阅读教学和作文教学就像两条平行线，按部就班地根据教材单元设置完成各项学习任务。因此，对于学生阅读能力和写作能力的培养，也像是两个独立的版块，学生很难建构起知识体系之间的关联性。直接表现是，学生在阅读过程中的收获，很少能灵活应用到写作实践中，阅读教学中的收获只能指导阅读练习，而对提高写作水平并未起到积极的促进作用；写作教学中的收获也仅仅是在作文训练中得到应用，而对阅读教学的推动作用并未得到充分发挥。

原因阐释

长期以来，语文学科以单元教学为序列，把教材教学自然分成阅读和作文两大板块已成为备课过程中相对固定的思维模式，阅读教学的研究指向一直局限在“理解分析”的层面，对文本的多元利用率较低，还需加强教材内容在写作中的示范作用；作文教学的研究指向也一直定位于对写作技巧的专题讲解，还需加强教材文本对作文写法提示指引的深入研究。

另外，从教学过程来看，教与学方式的改变还需要进一步研究教情与学情现状，进一步从促进语文核心素养综合发展的角度来考虑教学实施，注重建立语文学科核心素养四个方面之间的关联。为此，语文教学要充分利用教材资源，促使课文文本在阅读教学、写作教学等更多领域里发挥作用，有效避免“读写分家”现象。教学实践中有两种现状还需要加强研究：第一，写作练习依然存在着随意性现象，时间充裕就组织写一篇，没时间就赶课时进度，缺乏学期统一规划;第二,作文教学缺乏“课程”层面的统领与建设,作文教学还需清晰梳理出相对系统的教学体系,从而清晰规范梳理出系统有效的课时计划及操作流程。因此,从整体上来说,作文教学在语文素养持续提升过程中,还需要进一步发挥其指导作用,让作文教学研究在科学有序、稳步深入的课程建设中得到发展。

建议解析与案例分享

《义务教育语文课程标准(2011 版)》倡导“语文课程综合性与实践性”,指出:“语文教师应高度重视课程资源的开发和利用。”从这个意义上来说,语文教师应该高度重视创造性地理解和使用教材。因此,改变阅读与写作如同两条平行线的现象,建立起阅读教学和写作教学之间的关联性,是课程标准对语文教学提出的具体要求。而建立阅读与写作之间的关联性,就要充分认识“读写结合”教学研究的必要性,主要包括三个要点:

(一)开拓“读写结合”教学路径,是落实教材编写理念的需求

“提高写作教学的效果”是“部编本”语文教材的创新点之一。“部编本”语文教材的编写,力图突破既有模式,在突出综合能力的前提下,注重对基本写作方法的引导。例如,七年级下册第四单元作文训练“怎样选材”,教材提示可以结合课文《阿长与〈山海经〉》,思考材料与中心的关系,以及详略处理的方法。由此可见,加强“读写结合”的作文课程建设,帮助学生掌握相关写作方法,提高写作能力,这是对教材教学要求的落实。

“部编本”语文教材的写作专题,在编排上注重与文体阅读教学相结合,在写作方法指导上,注重“一课一得”的体验,注重加强写作实践的灵活性和指导性。例如,怎样写消息、撰写演讲稿等内容体现了对文体写作教学的引领;仿写、改写、扩写、缩写等练习形式,加强了改编式写作教学的引领;审题立意、布局谋篇等学习内容,体现了对提升写作效果的教学引领。可见,“如何加强写作教学,帮助学生灵活运用各种文体写作技法,不断提高学生的写作水平”是当前语文教学应该研究的重要内容之一。

（二）增加学生写作经验，是促进作文课程有序发展的关键要素

随着写作经验的积累，初中学生的写作能力不断发展，写作兴趣随之也有所提升。但是，学生对于写作的为难情绪依然比较明显，特别是在文体写作时，多是以完成作业为目标，从而造成学生文体写作经验比较少。分析学生的年龄特点，初中阶段是学生心智快速成长的重要时期，也是综合学习能力快速发展的关键时期。在这一阶段，学生的思维兼具形象性与逻辑性，但从整体上来说，还是更多表现出具体感性的特点。因此，加强模仿式写作课程的建设，是直观学习的一种方式，是学生掌握写作技能、规范写作过程、提高写作质量、积累写作经验的有效途径。

（三）以阅读成果推进写作能力衔接，是作文课程建设发展的主要路径

下面以七年级、八年级、九年级部分教材为例，谈一谈如何做好作文教学的年级衔接问题。

表3—1　七年级下册写作教学要点说明

	作文单元训练内容	写作能力训练要点	特点分析
第一单元	写出人物精神	(1)描写（正面、侧面） (2)对比、衬托 (3)抒情、议论	(1)侧重于对表达方式、写法、选材、结构安排等记叙文写作能力的训练 (2)侧重于对语言表达合理性的训练
第二单元	学会抒情	(1)直接抒情　(2)间接抒情	
第三单元	抓住细节	描写	
第四单元	怎样选材	(1)明确中心 (2)围绕中心取舍材料、安排详略	
第五单元	文从字顺	表达准确、连贯	
第六单元	语言简明	(1)围绕中心取舍材料 (2)概括合理、表达准确	

表 3—2　八年级上册写作教学要点说明

<table>
<tr><th></th><th>作文单元训练内容</th><th>写作能力训练要点</th><th>特点分析</th></tr>
<tr><td>第一单元</td><td>新闻写作
（写一则消息）</td><td>文体规范，概括、表达准确</td><td rowspan="6">（1）侧重于新闻、传记、说明文等文体写作
（2）侧重于语言表达的合理性要求
（3）侧重于观察等写作习惯的培养</td></tr>
<tr><td>第二单元</td><td>学写传记</td><td>选取主要经历，叙述典型事件</td></tr>
<tr><td>第三单元</td><td>学习描写景物</td><td>（1）多角度观察
（2）运用“描写”表达方式</td></tr>
<tr><td>第四单元</td><td>语言要连贯</td><td>语言衔接合理</td></tr>
<tr><td>第五单元</td><td>说明事物要
抓住特征</td><td>善于观察和比较，恰当运用说明方法</td></tr>
<tr><td>第六单元</td><td>表达要得体</td><td>表达规范，符合情境需要</td></tr>
</table>

表 3—3　八年级下册写作教学要点说明

<table>
<tr><th></th><th>作文单元训练内容</th><th>写作能力训练要点</th><th>特点分析</th></tr>
<tr><td>第一单元</td><td>学习仿写</td><td>篇章结构安排、写法（修辞手法、象征）</td><td rowspan="6">（1）侧重于记叙文、说明文、演讲、游记等文体写作
（2）侧重于写法、结构安排、思路梳理等指导</td></tr>
<tr><td>第二单元</td><td>说明的顺序</td><td>合理安排说明文写作顺序</td></tr>
<tr><td>第三单元</td><td>学写读后感</td><td>适当引述、提炼感受</td></tr>
<tr><td>第四单元</td><td>活动探究单元
（撰写演讲稿）</td><td>有针对性；写好开头和结尾，吸引听众、提升效果；明确表达观点；思路清晰；锤炼语言，增强感染力</td></tr>
<tr><td>第五单元</td><td>学写游记</td><td>交代游踪，描写景物、抒发感悟；详略得当</td></tr>
<tr><td>第六单元</td><td>学写故事</td><td>完整叙事；塑造人物形象；有联想和想象</td></tr>
</table>

表 3—4　九年级上册写作教学要点说明

<table>
<tr><th></th><th>作文单元训练内容</th><th>写作能力训练要点</th><th>特点分析</th></tr>
<tr><td>第一单元</td><td>活动探究单元
（诗歌创作）</td><td>（1）直抒胸臆
（2）语言简洁、凝练</td><td rowspan="6">（1）侧重于结构安排，思路梳理
（2）侧重于多种文体写作的尝试</td></tr>
<tr><td>第二单元</td><td>观点要明确</td><td>有明确观点，表达简明扼要</td></tr>
<tr><td>第三单元</td><td>议论要言之有据</td><td>灵活使用事实论据、道理论据</td></tr>
<tr><td>第四单元</td><td>学习缩写</td><td>按照文体缩写，保持结构完整</td></tr>
<tr><td>第五单元</td><td>论证要合理</td><td>摆事实、讲道理</td></tr>
<tr><td>第六单元</td><td>学习改写</td><td>注意文体、语体、人称、顺序、结构等方面的安排。</td></tr>
</table>

分析上面内容，初中学段七、八、九三个年级作文学习的连续性，主要体现于记叙文写作的教学衔接，而对于各个文体写作训练点之间的自然连接，就需要教师能够在教材文本的阅读教学中进行整体布局、细化安排、有序实施，从而充分利用阅读收获，提升学生的文体写作能力。为此，深入理解语文“读写结合”教学的意义，也是提高学生听说读写语文能力、促进语文素养提升的重要保障。

语文教学积极开展“读写结合”实践研究的意义，主要体现在以下三个方面：

（一）教师层面：促进教学策略研究，注重教学方式的改变与丰富

“读写结合”研究，有助于把阅读教学有效性和写作教学有效性的双向成果融合在一起，实现读写互促。特别是针对读写“结合点”及“结合策略”的研究，既有助于深入挖掘教材以读促写、以写促读的资源，又有助于丰富和完善教学方式的变革，打破阅读与写作平行线式的教学局限性。

（二）学生层面：促进思维发展，注重知识积累的运用与创造

在读写结合教学中，学生把阅读分析的成果作用于写作实践，必然要经历理解、分析、迁移、创造等思维过程。当学生的阅读收获有较丰富的积累时，就会自然产生实践运用的灵感和创作的动力。在语文教学中将阅读和写

作结合起来能为学生的独立创作提供更大的发展空间。例如,引导学生大量阅读关于描写春天的诗词歌赋、散文等文学作品,学生就会形成丰富的形象积累,再完成写作练习“春日之晨”,所积累的词句、篇章结构、写法等阅读资源都可以成为写作提示,从而为学生的写作提供丰富的资源库。

(三)课程建设的层面:促进提升文体学习意识,提高写作品质

对于“读写结合”课程的开发,有助于充分利用教材资源,把阅读和写作教学紧密结合起来,立足于“读”,着眼于“写”,不断拓宽阅读领域,挖掘阅读深度,丰富写作资源,积累运用语言的经验,以思维能力的发展带动语言文字实践能力的提高。

在语文教学中建设与开发“读写结合”的课程,有助于充分利用学生的阅读积累,形成“教材课文是阅读的基础,作文是阅读的发展和深化”双线合一的写作教学路径。通过深入挖掘初中语文教材内部显性、隐性的写作资源,形成一条作文课程资源开发与利用的纵线;通过语文学习与生活的链接,广泛拓展生活中作文资源的外延,形成一条作文课程资源开发与利用的横线。写作中横纵线结合,着力解决作文教学中“写什么”“怎样写”的问题,持续提升“怎样写”的能力,形成系统完整、协调有序的立体化读写结合教学体系,以不断提高教材实施的品质,促进教与学方式的改变,持续提升学生的语文素养。

第二节 在实践中深度理解“读写结合”教学理念

问题描述

很多教师从教学理念上认为“读写结合”对于提高学生的语文学科核心素养具有积极作用,但在时效性研究方面,又觉得对于“怎样结合”的实践性指导太少。所以,老师们普遍认为很有必要加强“读写结合”实践性教学引领。

原因阐释

在教学实践中,对于阅读教学和作文教学,大家积累了比较多的教学经验。但是,对于“读写结合”的具体实施,可以直接借鉴的成熟经验相对较少。这样的现状确实给“读写结合”教学研究带来一定的困难。基于此现状,读写结合的教学研究要立足于深化学生对课文的理解,以阅读能力的提升逐步推进写作素养的形成与发展,促使对学生的写作指导有方向、有借鉴。

建议解析与案例分享

读、写是语文学习的基础性能力,也是非常重要的两项学习内容。为此,我们在实践中要深入理解“读写结合”教学的重要意义:在“读”的过程中,学生不断发现问题、分析问题、解决问题、总结问题,从而形成新的认知、思维、能力、素养,在此基础上再加强迁移、融合与实践,则是对已有学习积累的再升华与再凝练,也是推进语文能力、语文素养持续发展的需要。为此,我们在语文教学中可以形成深度共识:开发“读写结合”资源,建设“读写结合”课程,可有效增强读与写的融合性,促进学生在文本阅读中提高写作水平,在写作中将习作的收获作用于文本阅读感悟,以实现读写水平共同提高。具体分析如下:

一、明确"读写结合"资源开发与课程建设的必要性

（一）遵循课程标准的要求

充分发挥教材文本的范例作用，为学生开掘语言实践资源，搭建扎实的语用实践平台，是语文学科重要的研究内容，是引领学生不断提升语文素养的重要路径。《义务教育语文课程标准（2011 年版）》在初中学段目标与内容的说明中强调"欣赏文学作品，有自己的情感体验，初步领悟作品的内涵，从中获得对自然、社会、人生的有益启示"。"写作要有真情实感，力求表达自己对自然、社会、人生的感受、体验和思考。"这就说明，在语文教材的学习中，阅读和写作有着极其密切的关系。可见，积极开发"读写结合"资源，建设"读写结合"课程，是课程标准对语文教学实践提出的具体要求。

（二）落实教材编写理念

"把阅读教学和写作教学结合起来，提高写作教学的效果。"这是"部编本"语文教材编写理念的突出特点之一。因此，"部编本"语文教材在写作教学方面，注重与阅读教学相结合，意在加大实践力度。

【案例一】

七年级两个学期一共 12 次写作课，每个单元 1 次，主题分别是热爱生活热爱写作，学会记事，写人要抓住特点，思路要清晰，如何突出中心，发挥联想与想象，写出人物精神，学习抒情，抓住细节，怎样选材，文从字顺，语言简明。每次写作课突出一个写作重点，根据学生的写作情况，进行方法指导，同时加强个性化辅导。对于每一个写作要点的实施，都强调写作方法学习，因此，加强写作教学研究要注重与本单元课文阅读教学紧密结合。如，学习《阿长与〈山海经〉》时，结合文章的选材，引导学生思考"怎样处理材料与中心之间的关系"，即怎样处理详略。然后安排相应的作文训练题目，如《我的同桌，我的好伙伴》。基于以上分析可知，在"读写结合"的教学过程中深入开发阅读资

源和写作资源，促进课程建设与实施，是教材编写理念对常态语文教学所提出的要求。

（三）建设语文教学体系

初中语文共有六本教材，六本教材之间具有极其缜密的关联性。如果在教学中没有充分挖掘其关联性，就很难系统化地培养学生的语文能力，促进学生语文素养的形成过程也必然会简单化、浮浅化。因此，依循"充分利用教材资源，开发读写结合路径"的教学策略，我们在教学研究中力求建立一个读写互促的语文学习体系，来促进教学资源的开发及语文课程的建设。

二、明确"读写结合"语文资源开发教学研究的目标

（一）充分挖掘教材中读写结合要素，深化"读写互促"学习过程。

（二）遵循语文教学规律，构建"读写结合"教学体系。

（三）探索读写结合有效实施路径，促进学生语文素养持续提升。

三、明确"读写结合"资源开发教学研究的契合点

为了科学有效地挖掘教材文本中"读写结合"的契合点，提出以下教学建议：

（一）细读助读系统

教材的导读内容，主要集中在单元助读、课文预习、书后练习、知识短文以及课文旁批等助读系统中。细读这些导读材料，对于定位"读写结合"资源开发与建设的契合点具有积极的促进作用。例如，教材的单元助读系统，有的是告诉我们本单元学习的目的，有的是讲解文章的写作思路，有的是提示文章的重点难点，等等。而这些助读提示，也正是读写融合发展的契合点。

【案例二】

九年级下册课文《变色龙》预习提示中提到"契诃夫的短篇小说往往带有讽

刺意味,在引人发笑的同时,也令人深思。"根据这一提示,可以设计练习"请学习小说中夸张的手法,为大家讲述生活中的一个小故事,通过一波三折的情节,引发同学们对生活的思考。"可见,当我们把教材文本当作写作范例时,通过对读写结合契合点的实践,就可以把阅读方法合理地转化为写作策略。

(二)细研课后练习

"部编本"语文教材,在课后练习部分已经增加了读写结合训练。

【案例三】

七年级上册第一单元课文《济南的冬天》,书后练习提出要求:"借鉴课文的某些写法,就你家乡冬天的风景写一个片段。注意抓住特点来写。不少于200字。"课后练习提示我们本篇课文读写结合点的定位是"景物描写",而景物描写的方法则需要同学们在课文阅读中加以深入探究。可见,认真挖掘教材课后练习中读写结合的元素,有利于准确定位读写结合契合点,促进学生读写能力的融合提高。

(三)细挖课文文本

"部编本"语文教材中的很多课文,在情节设置、写法特点、人物塑造、写景铺陈等方面都有其独特之处。

【案例四】

九年级上册第四单元课文《我的叔叔于勒》,内容情节一波三折、鲜明的人物形象塑造、个性化的语言表达、精细的神态动作描写、巧妙的环境烘托,等等,都可以作为读写结合契合点。为此,教师设计练习:请以"老师的喜怒"为话题,写一段老师情绪变化的文字,表现出老师独特的性格特点。

可见,我们在教学中也要引导学生用独特的眼光去欣赏文本内容,与文本中独具特色的人、事、景、物、情产生共鸣,每一个共鸣点也就是一个恰当的读写结合点。

第三节　注重对“读写结合”的资源开发与课程建设

问题描述

在教学中，教师对于读写结合资源的开发是比较顺利的，而对于“读写结合”的课程建设还是觉得有一定难度，特别是在建立“读写结合”教学体系框架、课时安排等方面，希望能够有更深层次的研究与实践，以促进学生语文素养的全面提升。

原因阐释

教师在教学中更多关注“读写结合”课程的整合、开发、体验与实践，主要是源于突破传统作文教学瓶颈的初衷。一直以来，作文教学都是以命题、半命题或自拟题目等形式展开写作训练。但是，学生作文中素材雷同、写作方法单一、语言表达直白简单等问题始终是语文教学所要研究的重点内容。为此，老师们希望能够通过读写结合的方式，加强课文学习过程中的随笔性训练，引导学生将教材文本作为写作范例，初步树立“读写结合”课程建设的意识。对于这一方面的研究我们还是需要加深认识、精心研究的。

建议解析与案例分享

加强教材“读写结合”作文课程体系建设，是提高作文教学效果的一条有效路径。加强教材读写结合作文体系建设，要立足于学生已有学习经验的基础上，深入挖掘教材资源，并注重建立阅读与写作的关联。在教学实践中，可以把课文中典型的写作方法与学生的写作能力提升点结合起来，以加强对教材“读写结合”教学的研究，拓展作文学习的外延。

《义务教育语文课程标准(2011 年版)》对七至九年级提出写作要求:“写记叙性文章,表达意图明确,内容具体充实;写简单的说明性文章,做到明白清楚;写简单的议论性文章,做到观点明确,有理有据。”因此,基于有序提升学生文体写作能力的需求,我们可以以语文教材为依托,根据每一册教材文体教学的特点,精心选择读写结合点来安排练习,引导学生在深入阅读教材课文的过程中,通过模仿、借鉴等方式,在作文实践中随文而学,随文而练,创造性地运用所习得的阅读经验,不断提升写作能力。

一、加强“读写结合”作文课程建设

八年级上册语文教材文学性文章篇目比较多,教学中可以充分利用这些课文情感充沛、内涵丰富的特点,并结合学生记叙文写作经验比较丰富的优势,设计“文情并茂”记叙文写作课程的相关练习。“文情并茂”的记叙文写作课程的设置,从整体上来说可以分为四个课时,关于学习目标及学习内容的建议,具体如下:

【案例一】

第一课时:一景一感,景物中寓情

本课时的主要学习目标是:深刻体会“以描写和叙述表达真情实感”的构思,真切感受内涵丰富、意蕴深刻的写作效果。

【悦读】

然而刹那间,要是你猛抬眼看见了前面远远有一排——不,或者只是三五株,一株,傲然地耸立,像哨兵似的树木的话,那你的恹恹欲睡的情绪又将如何? 我那时是惊奇地叫了一声的!

那就是白杨树,西北极普通的一种树,然而实在是不平凡的一种树!

那是力争上游的一种树,笔直的干,笔直的枝。它的干通常是丈把高,像加过人工似的，一丈以内绝无旁枝。它所有的丫枝一律向上，而且紧紧靠拢，也像加过人工似的，成为一束，绝不旁逸斜出；它的宽大的叶子也是片片向上，几乎没有斜生的，更不用说倒垂了；它的皮光滑而有银色的晕圈，微微泛出淡青色。这是虽在北方风雪的压迫下却保持着倔强挺立的一种树！哪怕只有碗那样粗细，它却努力向上发展，高到丈许，两丈，参天耸立，不折不挠，对抗着西北风。

这就是白杨树，西北极普通的一种树，然而绝不是平凡的树！

它没有婆娑的姿态，没有屈曲盘旋的虬枝。也许你要说它不美。如果美是专指"婆娑"或"旁逸斜出"之类而言，那么，白杨树算不得树中的好女子。但是它伟岸，正直，朴质，严肃，也不缺乏温和，更不用提它的坚强不屈与挺拔，它是树中的伟丈夫！当你在积雪初融的高原上走过，看见平坦的大地上傲然挺立这么一株或一排白杨树，难道你就觉得它只是树？难道你就不想到它的朴质，严肃，坚强不屈，至少也象征了北方的农民？难道你竟一点也不联想到，在敌后的广大土地上，到处有坚强不屈，就像这白杨树一样傲然挺立的守卫他们家乡的哨兵？难道你又不更远一点想到，这样枝枝叶叶靠紧团结，力求上进的白杨树，宛然象征了今天在华北平原纵横决荡，用血写出新中国历史的那种精神和意志？

——节选自八年级上册《白杨礼赞》

【悦赏】

请学生思考下面的问题，并通过写旁批的方式，记录下自己的思考。

1. 勾画出选文中景物描写的句子，想一想这些句子表达了作者怎样的情感？再勾画出表达作者思想感悟的句子，思考这些句子有怎样的写作效果？

2. 勾画出选文中描写白杨树的句子，再勾画出点明白杨树象征意义的句子，想一想作者在写作构思中是怎样把这两个内容融为一体的？

3. 请想一想作者在语言表达方面有什么特色？请选择其中的一个特色写一句话，表达自己对白杨树或北方农民的赞美之情。

【悦享】

“读写结合”学习收获单

在写作中,对于“借景抒情、情景交融”的行文构思,你又有哪些新收获?请记录下自己的思考。

【悦写】

题目:春、夏、秋、冬,就像四幅绚丽的图画。绘就春的,是缤纷的花丛;勾勒夏的,是鲜翠欲滴的叶子;画出秋的,是无垠的稻田;描绘冬,则是一朵朵冬天的使者——雪花。请在四季中任选一种景物,写一篇不少于500字的作文,要求:通过客观描摹其特征来抒发自己的情感,题目自拟。

点拨:可以模仿选文的行文思路,借助所选景物,赋予深意,充分表达自己情感,给读者留下咀嚼回味的空间;可以采用托物言志、借景抒情等写法,赋予文章以深刻感悟,增加写作内涵。

第二课时:一人一塑,人物中蕴情

本课时的主要学习目标是:充分体会“以细节突显人物性格,塑造人物形象”的行文过程;形成“在塑造人物形象的同时蕴含自我充沛情感”的行文思路。

【悦读】

因此,那些第一次见到他的人,一开始都无一例外地感到失望。他们有的坐火车旅行漫长的路程,有的从图拉驾车赶来,在客厅里正襟危地等待这位大师的接见。他们早就形成了对他的主观概念,希望从他身上找见威严非凡的东西,希望看到一个美髯公,集尊贵、轩昂、伟岸、天才于一身。在即将亲眼见到大活人之前,他们对自己所想象的这位文坛泰斗形象颔首低眉,敬重有加,内心的期望扩大到诚惶诚恐的地步。门终于开了,进来的却是一个矮小敦实的人,由于步子轻快,连胡子都跟着抖动不停。他刚进门,差不多就一路小跑而来，然后突然收住脚步，望着一位惊呆了的来客友好地微笑。他带着轻松愉快的口气，又迅速又随便地讲着表示欢迎的话语，同时主动向客人伸出手来。来访者一边与他握手，一边深感疑惑和惊讶。什么？就这么个侏儒！这么个小巧玲珑的家伙，难道真的是列夫·尼克拉耶维奇·托尔斯泰吗？这位客人不无尴尬地抬起眼皮直勾勾地打量着主人的脸。

突然，客人惊奇地屏住了呼吸，只见面前的小个子那对浓似灌木丛的眉毛下面，一对灰色的眼睛射出一道黑豹似的目光，虽然每个见过托尔斯泰的人都谈过这种犀利目光，但再好的图片都没法加以反映。这道目光像一把锃亮的钢刀刺了过来，又稳又准，击中要害，令你无法动弹，无法躲避。仿佛被催眠术控制住了，你只好乖乖地忍受这种目光的探寻，任何掩饰都抵挡不住。它像枪弹穿透了伪装的甲胄，它像金刚刀切开了玻璃。在这种入木三分的审视之下，谁都没法遮遮掩掩。——对此，屠格涅夫和高尔基等上百个人都做过无可置疑的描述。

这种穿透心灵的审视仅仅持续了一秒钟，接着便刀剑入鞘，代之以柔和的目光与和蔼的笑容。虽然嘴角紧闭，没有变化，但那对眼睛却能满含粲然笑意，犹如神奇的星光。而在优美动人的音乐影响下，它们可以像村妇那样热泪涟涟。精神上感到满足自在时，它们可以闪闪发光，转眼又因忧郁而黯然失色，罩上阴云，顿生凄凉，显得麻木不仁，神秘莫测。它们可以变得冷酷锐利，可以像手术刀、像x射线那样揭开隐藏的秘密，不一会儿意趣盎然地涌出好奇的神色。这是出现在人类面部最富感情的一对眼睛，可以抒发各种各样的感情。高尔基对它们恰如其分的描述，说出了我们的心里话："托尔斯泰这对眼睛里有一百只眼珠。"

——节选自八年级上册《列夫·托尔斯泰》

【悦赏】

请学生思考下面的问题，并通过写旁批的方式，记录下自己的思考。

1. 选文细致描写了来访者的心理落差，这一情节的设置对塑造托尔斯泰的人物形象有什么作用？请试着删掉这一段内容，想一想在写作效果上有什么差异。

2.选文中有哪些内容属于对托尔斯泰的“特写镜头”式描写，这些描写对于刻画托尔斯泰形象有什么作用？请用“特写镜头”式的方法来描写一位自己熟悉的人。

3.选文语言多处运用修辞方法，请画出相应的句子，仔细体会他们在写作中的表达效果。

【悦享】

“读写结合”学习收获单

在写作中，对于塑造人物形象的写作方法，你又获得了哪些提示？请记录下自己的新收获。

【悦写】

题目：请以“为你画像”为题目，写一篇不少于500字的作文。

点拨：巩固选文中肖像描写的方法，能够把人物的性格、兴趣爱好讲述清楚。可以通过具体的事例来表现人物特点，也可以引用他人评价来进一步衬托人物形象。

第三课时：一物一思，物品中抒情

本课时的主要学习目标是：使学生深刻体会“物”“情”合一，形成“感情有所依托”的构思特点；实践体验“赋予物象深度意蕴，作文内涵真切动人”的写作效果。

【悦读】

我交出所抄的讲义去，他收下了，第二三天便还我，并且说，此后每一星期要送给他看一回。我拿下来打开看时，很吃了一惊，同时也感到一种不安和感激。原来我的讲义已经从头到末，都用红笔添改过了，不但增加了许多脱漏的地方，连文法的错误，也都一一订正。这样一直继续到教完了他所担任的功课：骨学，血管学，神经学。

……

他所改正的讲义，我曾经订成三厚本，收藏着的，将作为永久的纪念。不幸七年前迁居的时候，中途毁坏了一口书箱，失去半箱书，恰巧这讲义也遗失在内了。责成运送局去找寻，寂无回信。只有他的照相至今还挂在我北京寓居的东墙上，书桌对面。每当夜间疲倦，正想偷懒时，仰面在灯光中瞥见他黑瘦的面貌，似乎正要说出抑扬顿挫的话来，便使我忽又良心发现，而且增加勇气了，于是点上一支烟，再继续写些为"正人君子"之流所深恶痛疾的文字。

——节选自八年级上册《藤野先生》

【悦赏】

请学生思考下面的问题，并通过写旁批的方式，记录下自己的思考。

1. 作者在与藤野先生的交往中，一定有过很多经历。当他毅然决然放弃学医从事文艺工作后，依然保留着当年藤野先生用红笔添改过的讲义，迁居时候发现讲义遗失还责成运送局去找寻。请大家想一想，作者为什么要在写作中突出表现这一情节？

2. 选文中，作者对于藤野先生的照片虽是一笔提过，却给读者留下深刻印象。请想一想作者赋予了这张照片怎样的情感？如何产生"寥寥数字蕴含万语千言"的写作效果？

3. 写作中对于情感的表达，既可以委婉含蓄，也可以直接抒情。选文中表达情感的方式有怎样的特点？

【悦享】

“读写结合”学习收获单

选文中,对于情感的表达,你获得了哪些写作提示?请记录下自己的收获。

【悦写】

题目:请以“我们的故事”为题目,写一篇不少于500字的作文。

点拨:可以模仿选文的构思方法,以某一具体物品为载体串起与他人之间的故事,抒情方式可以委婉含蓄,也可以直接表达。

第四课时:一事一理,叙事中含情

本课时的主要学习目标是:深刻体会“在叙事中阐述生活哲理”的结构安排,促进形成“叙议结合”的写作思路,体验其写作效果。

【悦读】

佃户家庭的生活自然是艰苦的,可是由于母亲的聪明能干,也勉强过得下去。我们用桐子榨油来点灯,吃的是豌豆饭、菜饭、红薯饭、杂粮饭,把菜籽榨出的油放在饭里做调料。这类地主富人家看也不看的饭食,母亲却能做得使一家人吃起来有滋味。赶上丰年,才能缝上一些新衣服,衣服也是自己生产出来的。母亲亲手纺出线,请人织成布,染了颜色,我们叫它“家织布”,有铜钱那样厚。一套衣服老大穿过了,老二老三接着穿还穿不烂。

……

每天天还没亮,母亲就第一个起身,接着听见祖父起来的声音,接着大家都离开床铺,喂猪的喂猪,砍柴的砍柴,挑水的挑水。母亲在家庭里极能任劳任怨。她性格和蔼,没有打骂过我们,也没有同任何人吵过架。因此,虽然在这样的大家庭里,长幼、伯叔、妯娌相处都很和睦。母亲同情贫苦的人——这是朴素的阶级意识，虽然自己不富裕，还周济和照顾比自己更穷的亲戚。她自己是很节省的。父亲有时吸点旱烟，喝点酒；母亲管束着我们，不允许我们染上一点。母亲那种勤劳俭朴的习惯，母亲那种宽厚仁慈的态度，至今还在我心中留有深刻的印象。

……

从宣统元年(1909)到现在，我再没有回过一次家，只在民国八年(1919)我曾经把父亲和母亲接出来。但是他俩劳动惯了，离开土地就不舒服，所以还是回了家。父亲就在回家途中死了。母亲回家继续劳动，一直到最后。

……

母亲最大的特点是一生不曾脱离过劳动。母亲生我前一分钟还在灶上煮饭。虽到老年，仍然热爱生产。去年另一封外甥的家信中说："外祖母大人因年老关系，今年不比往年健康，但仍不辍劳作，尤喜纺棉。"

我应该感谢母亲，她教给我与困难作斗争的经验。我在家庭中已经饱尝艰苦，这使我在三十多年的军事生活和革命生活中再没感到过困难，没被困难吓倒。母亲又给我一个强健的身体，一个勤劳的习惯，使我从来没感到过劳累。

我应该感谢母亲，她教给我生产的知识和革命的意志，鼓励我以后走上革命的道路。在这条路上，我一天比一天更加认识：只有这种知识，这种意志，才是世界上最可宝贵的财产。

——节选自八年级上册《回忆我的母亲》

【悦赏】

请学生思考下面的问题，并通过写旁批的方式，记录下自己的思考。

1. 选文通过哪些事表现了母亲勤劳的品格？请试着以母亲的勤劳一生为线索，梳理作者的写作思路。

2. 勾画出选段中能够表达作者对母亲充满感谢之情的句子，想一想这些句子有怎样的写作效果？画出选段中的议论句，想一想"议论"表达方式在作文中有哪些作用？

【悦享】

“读写结合”学习收获单

对于选文中“事中寓理，理中含情”的写作效果，你获得了哪些写作提示？请记录下自己的收获。

【悦写】

题目：请以“________伴我成长”为题目，写一篇不少于500字的作文。要求：通过具体事件表达自己的情感，表达出在生活中获得的启迪。

点拨：精选事例可以是单一事件，也可以是多件事。可以把事件中蕴含的生活哲理与自己的情感抒发融合在一起，以表达对成长的深刻感悟，升华文章的主旨。

四课时“文情并茂”记叙文写作课程的实施，鼓励学生回顾教材经典语段，并能从阅读中梳理出自己所获得的写作提示。整个练习过程，主要表现出四个特点：注重引领学生在构思过程中，通过描写和叙述充分表达真情实感；注重体会以细节描写来突显人物特征的写作方法；注重凸显“感情有所依托”，“物”“情”合一的写作效果；注重合理安排“叙议结合、事理结合”的文章结构，加强“理从事出”“以小见大”，“以一目尽传精神”的主旨升华效果。

为进一步加强“文情并茂”记叙文写作课程学习目标的落实，教师在教学实践中还可以为学生提供与之相对应的写作方法指导，例如：

写作小贴士1：尝试借景抒情（借物抒情）的写法。借景抒情（借物抒情）的特点是“景（物）生情，情生景，情景交融”，主要是指作者带着强烈的主观感情去描写客观景物，把自身所要抒发的感情、表达的心情寄寓在此景此物中。

写作小贴士2：恩格斯有一句名言：“一个人物的性格，不仅表现在他做什么，更表现在怎样做。”这句话足以说明人物的动作表现直接关系到人物形象的塑造。写作中，常用的人物动作描写方法有：具体描写人物的连贯动作，运用特写镜头，运用比喻等修辞手法增强动作形象性，在矛盾冲突中描写动作行为，用侧面烘托的方法突出人物。

写作小贴士3：景物承载着作者的情感，作者的情感同样可以寄托于景物。在写作中，我们可以借助故事情节表达情感；可以开篇直接抒情，结尾卒章显志，淋漓尽致表达情感；可以通过对比、衬托等手法，更加强烈地表达情感。

写作小贴士4：在作文中挖掘素材哲理、抒发自我感悟，常用的思路是：由叙而议，通过细致而生动形象的描写，引发具体思考，进行议论，悟出道理。其中，“叙”是基础，“议”是升华，叙议联系要紧密，也就是要在文章中写出自己的所见所思和所悟之理。

阅读和写作在语文教学中相辅相成，阅读是写作的基础，写作是阅读的升华。说明文教学是初中语文教学重要内容之一，也正因此，语文教材中经典的说明文篇目就成了说明文写作学习的范本。

写作说明文，把被说明的事物准确清晰地介绍给读者，我们要注意抓住事物的特征，力求做到说明清楚明白、言之有序。为此，我们要在说明文阅读中，了解和掌握说明文具有知识性、科学性等基本特点，学习怎样恰当使用说明方法、安排说明顺序、体会说明文语言特点，等等。八年级第二学期，学生已经积累了比较丰富的阅读经验，可以安排“用事实说话”说明文写作练习。

【案例二】

“用事实说话”说明文写作，整体上可以分为三个课时，关于学习目标及学习内容的建议，具体如下：

第一课时：突显关键，说明有特点

本课时的主要学习目标是：体会抓住事物关键特征进行说明，清晰说明事物特征，激发对生活的热爱。

【悦读】

A

邓稼先1924年出生在安徽省怀宁县，在北平上了小学和中学，于1945年自昆明西南联大毕业。1948年到1950年赴美国普渡大学读理论物理，获得博士学位后立即乘船回国。1950年10月到中国科学院工作。1958年8月奉命带领几十个大学毕业生开始研究原子弹制造的理论。

这以后的28年间，邓稼先始终站在中国原子武器设计制造和研究的第一线，领导许多学者和技术人员，成功地设计了中国的原子弹和氢弹，把中华民族国防自卫武器引导到了世界先进水平。

1964年10月16日中国爆炸了第一颗原子弹。

1967年6月17日中国爆炸了第一颗氢弹。

这些日子是中华民族五千年历史上的重要日子，是中华民族完全摆脱任人宰割危机的新生日子！

1967年以后邓稼先继续他的工作，至死不懈，对国防武器做出了许多新的巨大贡献。

——节选自七年级下册《邓稼先》

B

赵州桥非常雄伟，全长50.82米，两端宽9.6米，中部略窄，宽9米。桥的设计完全合乎科学原理，施工技术更是巧妙绝伦。唐朝的张嘉贞说它“制造奇特，人不知其所以为”。这座桥的特点是：（一）全桥只有一个大拱，长达37.4米，在当时可算是世界上最长的石拱。桥洞不是普通半圆形，而是像一张弓，因而大拱上面的道路没有陡坡，便于车马上下。（二）大拱的两肩上，各有两个小拱。这个创造性的设计，不但节约了石料，减轻了桥身的重量，而且在河水暴涨的时候，还可以增加桥洞的过水量，减轻洪水对桥身的冲击。同时，拱上加拱，桥身也更美观。（三）大拱由28道拱圈拼成，就像这么多同样形状的弓合拢在一起，做成一个弧形的桥洞。每道拱圈都能独立支撑上面的重量，一道坏了，其他各道不致受到影响。（四）全桥结构匀称，和四周景色配合得十分和谐；桥上的石栏石板也雕刻得古朴美观。唐朝的张鷟说，远望这座桥就像“初月出云，长虹饮涧”。赵州桥高度的技术水平和不朽的艺术价值，充分显示了我国劳动人民的智慧和力量。桥的主要设计者李春就是一位杰出的工匠，在桥头的碑文里刻着他的名字。

——节选自八年级上册《中国石拱桥》

C

普通的蝉喜欢在干的细枝上产卵。它选择最小的枝，像枯草或铅笔那样粗细，而且往往是向上翘起，差不多已经枯死的小枝。它找到适当的细树枝，就用胸部的尖利工具刺成一排小孔。

小孔的形成，好像用针斜刺下去，把纤维撕裂，并微微挑起。如果它不受干扰，一根枯枝上常常刺出三四十个孔。卵就产在这些孔里。小孔成为狭窄的小径，一个个斜下去。一个小孔内约生十个卵，所以生卵总数约为三四百个。

这是一个很好的昆虫家族。它之所以产这许多卵，是为了防御某种特别的危险。必须有大量的卵，遭到毁坏的时候才可能有幸存者。

——节选自八年级上册《蝉》

D

予独爱莲之出淤泥而不染，濯清涟而不妖，中通外直，不蔓不枝，香远益清，亭亭净植，可远观而不可亵玩焉。

——节选自七年级下册《爱莲说》

E

自三峡七百里中，两岸连山，略无阙处。重岩叠嶂，隐天蔽日。自非亭午夜分，不见曦月。

——节选自八年级上册《三峡》

F

英勇的人民解放军二十一日已有大约三十万人渡过长江。渡江战斗于二十日午夜开始，地点在芜湖、安庆之间。国民党反动派经营了三个半月的长江防线，遇着人民解放军好似摧枯拉朽，军无斗志，纷纷溃退。长江风平浪静，我军万船齐放，直取对岸，不到二十四小时，三十万人民解放军即已突破敌阵，占领南岸广大地区，现正向繁昌、铜陵、青阳、荻港、鲁港诸城进击中。人民解放军正以自己的英雄式的战斗，坚决地执行毛主席与朱总司令的命令。

——节选自八年级上册《我三十万大军胜利南渡长江》

【悦赏】

请思考下面的问题，并通过写旁批的方式，记录下自己的思考。

1. 以上课文选段文体多样，在阅读中你学会哪些介绍人物、建筑物、动物、植物、自然地理、历史事件的方法？

2. 某一人物或事物，都有自己的特征，因此，要介绍清楚某一人物或事物，首先要把握住其关键特征。可见，抓准特征是写好说明文的关键。请你想一想，一般来说，介绍人物、建筑物、动物、植物、自然地理、历史事件六类事物时都可以抓住哪些关键特征？

【悦享】

“读写结合”学习收获单

从选文中，你获得了哪些抓住事物关键特征的启发？请记录下自己的思考。

【悦写】

题目：在我们的生活中有各种各样的建筑，它们或外观独特，或历史悠久，或有重要的意义，或有特殊的功能。请你写一篇说明文，向大家介绍一座你熟悉的建筑。题目自拟，不少于500字。

点拨：介绍某一建筑地特点，一定要建立在全面观察的基础上，从建筑风格、历史沿革、发展变迁等方面进行介绍，还要注意查找资料，以保障对特点的把握及说明的准确性。

第二课时：细致观察，说明有方法

本课时的主要学习目标是：按照客观事物的规律性，细致观察；恰当使用说明方法，具体准确说明事物；培养审美情趣，激发对生活的热爱。

【悦读】

A

我从放大镜里见过蝉卵的孵化。开始很像极小的鱼，眼睛大而黑，身体下面有一种鳍状物，由两个前腿联结而成。这种鳍有些运动力，能够帮助幼虫走出壳外，并且帮助它越过带有纤维的树枝——这是比较困难的事情。

鱼形幼虫一到孔外，皮即刻脱去。但脱下的皮自动形成一种线，幼虫靠它能够附着在树枝上。幼虫落地之前，就在这里行日光浴，踢踢腿，试试筋力，有时却又懒洋洋地在绳端摇摆着。它的触须现在自由了，左右挥动；腿可以伸缩；前面的爪能够张合自如。身体悬挂着，只要有一点儿微风就动摇不定。它在这里为将来的出世做准备。我看到的昆虫再没有比这个更奇妙的了。

——节选自八年级上册《蝉》

B

画面开卷处描绘的是汴京近郊的风光。疏林薄雾，农舍田畴，春寒料峭，赶集的乡人驱赶着往城内送炭的毛驴驮队。在进入大道的岔道上，是众多仆从簇拥的轿乘队伍，从插满柳枝的轿顶可知是踏青扫墓归来的权贵。近处小路上骑驴而行的则是长途跋涉的行旅。

——节选自八年级上册《梦回繁华》

C

苏州园林栽种和修剪树木也着眼在画意。高树与低树俯仰生姿。落叶树与常绿树相间,花时不同的多种花树相间,这就一年四季不感到寂寞。没有修剪得像宝塔那样的松柏,没有阅兵式似的道旁树:因为依据中国画的审美观点看,这是不足取的。有几个园里有古老的藤萝,盘曲嶙峋的枝干就是一幅好画。开花的时候满眼的珠光宝气,使游览者感到无限的繁华和欢悦,可是没法说出来。

——节选自八年级上册《苏州园林》

D

每年蝉的初次出现是在夏至。在阳光暴晒的道路上有好些小圆孔,孔口与地面相平。蝉的幼虫就从这些圆孔爬出,在地面上变成完全的蝉。蝉喜欢干燥、阳光多的地方。幼虫身上长着有力的“工具”,能够钻透晒干的泥土和沙石。我要考察它们遗弃下的储藏室,必须用刀子来挖掘。

这小圆孔约一英寸口径,周围一点儿土都没有。大多数掘地昆虫,例如金蜣,窠外面总有一座土堆。这种区别是由于它们工作方法的不同。金蜣的工作是由洞口开始,所以把掘出来的废料堆积在地面。蝉的幼虫是从地下上来的,最后的工作才是开辟大门口。因为门还未开,所以不可能在门口堆积泥土。

——节选自八年级上册《蝉》

【悦赏】

请思考下面的问题,并通过写旁批的方式,记录下自己的思考。

1. 在选文A、B中,作者通过细致的观察,有哪些发现?请你回想自己日常生活中的一次观察经历,看看自己的观察与两位作者在观察角度方面有哪些异同点?

2. 在选文C、D中,作者运用了哪些说明方法对细致观察到的内容进行了介绍?请想一想这些说明方法分别有怎样的说明效果。

【悦享】

“读写结合”学习收获单

对于细致观察及把自己细致观察到的内容进行具体准确的说明，你有哪些新收获？

【悦写】

题目：请介绍自己熟悉的一件物品，写一篇不少于500字的说明文。

点拨：回顾常用的说明方法及其相关作用，恰当地选用相关说明方法，把自己细致观察到的内容，准确地加以说明。

第三课时：构思井然，说明有顺序

本课时的主要学习目标是：理解说明顺序的安排取决于说明对象的特征，体会合理安排说明顺序的方法，做到说明有顺序。

【悦读】

A

我国的石拱桥有悠久的历史。《水经注》里提到的“旅人桥”，大约建成于公元282年，这可能是有记载的最早的石拱桥了。我国的石拱桥几乎到处都有。这些桥大小不一，形式多样，有许多是惊人的杰作。其中最著名的当推河北省赵县的赵州桥，还有北京丰台区的卢沟桥。

赵州桥横跨在洨河上，是世界著名的古代石拱桥，也是造成后一直使用到现在的最古老的石桥。这座桥修建于公元605年左右，到现在已经1300多年了，还保持着原来的雄姿。到解放的时候，桥身有些残损了，在人民政府的领导下，经过彻底整修，这座古桥又恢复了青春。

……

永定河上的卢沟桥，修建于公元1189到1192年间。桥长265米，由11

个半圆形的石拱组成，每个石拱长度不一，自 16 米到 21.6 米。桥宽约 8 米，桥面平坦，几乎与河面平行。

……

两千年来，我国修建了无数的石拱桥。中华人民共和国成立后，全国大规模兴建起各种形式的公路桥与铁路桥，其中就有不少石拱桥。1961 年，云南省建成了一座世界最长的独拱石桥，名叫“长虹大桥”，石拱长达 112.5 米。在传统的石拱桥的基础上，我们还造了大量的钢筋混凝土拱桥，其中“双曲拱桥”是我国劳动人民的新创造，是世界上所仅有的。近几年来，全国造了总长 20 余万米的这种拱桥，其中最大的一孔，长达 150 米。

——节选自八年级上册《中国石拱桥》

B

物候现象的来临决定于哪些因素呢?

首先是纬度。越往北桃花开得越迟，候鸟也来得越晚。值得指出的是物候现象南北差异的日数因季节的差别而不同。我国大陆性气候显著，冬冷夏热。冬季南北温度悬殊，夏季却相差不大。在春天，早春跟晚春也不相同。如在早春三四月间，南京桃花要比北京早开二十天，但是到晚春五月初，南京刺槐开花只比北京早十天。所以在华北常感觉到春季短促，冬天结束，夏天就到了。

经度的差异是影响物候的第二个因素。凡是近海的地方，比同纬度的内陆，冬天温和，春天反而寒冷。所以沿海地区的春天的来临比内陆要迟若干天。如大连纬度在北京以南约 1°，但是在大连，连翘和榆叶梅的盛开都比北京要迟一个星期。又如济南苹果开花在四月中或谷雨节，烟台要到立夏。两地纬度相差无几，但烟台靠海，春天便来得迟了。

影响物候的第三个因素是高下的差异。植物的抽青、开花等物候现象在春夏两季越往高处越迟，而到秋天乔木的落叶则越往高处越早。不过研究这个因素要考虑到特殊的情况。例如秋冬之交，天气晴朗的空中，在一定高度上气温反比低处高。这叫逆温层。由于冷空气比较重，在无风的夜晚，冷空气便向低处流。这种现象在山地秋冬两季，特别是这两季的早晨，极为显著，常会发现山脚有霜而山腰反无霜。在华南丘陵区把热带作物引种在山腰很成功，在山脚反不适宜，就是这个道理。

此外，物候现象来临的迟早还有古今的差异。根据英国南部物候的一种长期记录，拿1741到1750年十年平均的春初七种乔木抽青和开花日期同1921到1930年十年的平均值相比较，可以看出后者比前者早九天。就是说，春天提前九天。

——节选自八年级下册《大自然的语言》

C

早在13世纪，卢沟桥就闻名世界。那时候有个意大利人马可·波罗来过中国，他的游记里，十分推崇这座桥，说它“是世界上独一无二的”，并且特别欣赏桥栏柱上刻的狮子，说它们“共同构成美丽的奇观”。在国内，这座桥也是历来为人们所称赞的。

——节选自八年级上册《中国石拱桥》

D

我国的建筑，从古代的宫殿到近代的一般住房，绝大部分是对称的，左边怎么样，右边也怎么样。苏州园林可绝不讲究对称，好像故意避免似的。东边有了一个亭子或者一道回廊，西边决不会来一个同样的亭子或者一道同样的回廊。这是为什么？我想，用图画来比方，对称的建筑是图案画，不是美术画，而园林是美术画，美术画要求自然之趣，是不讲究对称的。

——节选自八年级上册《苏州园林》

E

张择端画的《清明上河图》，绢本，设色，纵24.8厘米，横528.7厘米。作品描绘了京城汴梁从城郊、汴河到城内街市的繁华景象。整个长卷犹如一部乐章，由慢板、柔板，逐渐进入快板、紧板，转而进入尾声，留下无尽的回味。

……

《清明上河图》采用了中国传统绘画特有的手卷形式，以移动的视点摄取对象。全图内容庞大，却繁而不乱，长而不冗，段落清晰，结构严谨。

……

《清明上河图》是一幅写实性很强的作品，画中所绘景物，与文献中有关汴梁的记载基本一致。

……

画中丰富的内容，有着文字无法取代的历史价值，在艺术表现的同时，也是为12世纪中国城市生活状况留下的重要形象资料。

——节选自八年级上册《梦回繁华》

【悦赏】

请思考下面的问题，并通过写旁批的方式，记录下自己的思考。

1. 在选文A、B中，两位作者分别采用了怎样的说明顺序？说明效果又是怎样的？写作说明文，还有哪些常见的说明顺序呢？

2. 在选文C、D、E中，作者的说明性语言分别有什么特色？写作说明文时，怎样在体现语言准确性的同时，体现语言的生动性？

【悦享】

“读写结合”学习收获单

在安排说明顺序、表达说明语言这两个方面，你有哪些新收获？

【悦写】

题目：请你走进自己生活的社区，感受这几年来环境发生了哪些变化？想一想发生这些改变的原因是什么，并以“我们社区的环境”为题目，写一篇说明文，不少于500字。

点拨：选择恰当的顺序，把观察到的内容记录下来，体现出说明文语言的特点。

引导学生在细心观察的基础上体会说明文语言特点，并将相关写法运用到语言表达中，这是以“读写结合”促进说明文写作教学的关键环节。教师利用教材范本，带领学生着重思考说明文写作的篇章结构、说明技巧、语言表达方式等特点，是提高说明文写作质量的有效路径。“用事实说话”说明文写作课程的设置，依托语文教材说明文阅读范例，把阅读教学和写作教学结合起来，指导学生进行说明文写作学习，既又有利于学生掌握相关的说明文知识，又有利于把说明方法、说明顺序等文体知识灵活运用到写作实践中。“用事实说话”说明文写作课程的实施过程，主要有三个特点：第一，突显关键，说明有特点，即体会抓住事物关键特征进行说明的思路，清晰说明事物特征，激发热爱生活的感情；第二，细致观察，说明有方法，即按照客观事物的规律性，细致观察；恰当使用说明方法，具体准确说明事物；培养审美情趣，激发对生活的热爱；第三，构思井然，说明有顺序，即根据说明对象的特征，合理安排说明顺序。

为进一步加强“用事实说话”说明文写作课程的实施，我们可以根据学习目标，为学生加强与之相对应的写作方法指导，具体如下：

写作小贴士 1：介绍人物，一般要抓住人物的“经历特征”，特别是要抓住人物经历中有价值的生活内容来介绍；介绍动物，一般要抓住动物的形态、生理特征、生活习性等；介绍植物，一般要着重说明植物的形态特征、生长环境及用途；介绍建筑物，一般要着重介绍其外部特征、内部结构以及建筑材料等方面的特点；介绍自然地理知识，一般要着重介绍地理位置及地形、地貌特点；介绍历史事件，一般情况下要把事件发生的背景放在首要位置来介绍。

写作小贴士 2：可以从以下三个角度来观察说明对象的特点：定点观察，即站在一定的位置上，从一定的角度进行观察；移位观察，即通过移动观察点进行观察；比较观察，即用比较的方法观察人、物、景，发现人、物、景的特点。

写作小贴士3:常用的说明顺序主要有三种:空间顺序,即按事物空间结构的顺序来说明,如介绍一座建筑、一处园林、一片山水;时间顺序,即按照事理发展过程的先后来介绍某一事物的说明顺序,如说明印刷术的发明与演进;逻辑顺序,按照事物或事理的内部联系及人们认识事物的过程来安排说明顺序,或由个别到一般,或由具体到抽象,或由主要到次要,或由现象到本质,或由原因到结果,分别做出说明,一般运用于事理说明文中。

从形象思维向抽象思维逐步发展,从感性思维向理性思维逐步发展,从简单思维向复杂思维逐步发展,进而形成观点,这是初中学生思维发展所表现出来的特点。在初中语文教学中,学习写作议论文对促进学生思维发展具有积极的影响作用。议论文写作注重表达作者的观点、看法和主张。一般情况下,作者的论证过程都比较注重对某个问题或某件事进行分析评论。因此,议论文写作过程具有自我思考、深入探究并引人深思的特点。九年级语文学习,可以充分利用教材中的议论性文章有序建设"有据说理"议论文写作课程,展开"读写结合"教学,引导学生通过提升议论性文章的写作能力来促进思维的发展。

【案例三】

"有据说理"的议论文写作,从整体上来说可以分为三个课时,关于学习目标及学习内容的建议,具体如下:

第一课时:观点正确鲜明

本课时的主要学习目标是:培养学生独立思考问题的习惯,使其能够树立正确鲜明的观点,鼓励学生求真表达见解。

【悦读】

A

我这题目,是把《礼记》里头"敬业乐群"和《老子》里头"安其居乐其业"那两句话，断章取义造出来的。我所说的是否与《礼记》《老子》原意相合，不必深求；但我确信“敬业乐业”四个字，是人类生活的不二法门。

——节选自九年级上册《敬业与乐业》

B

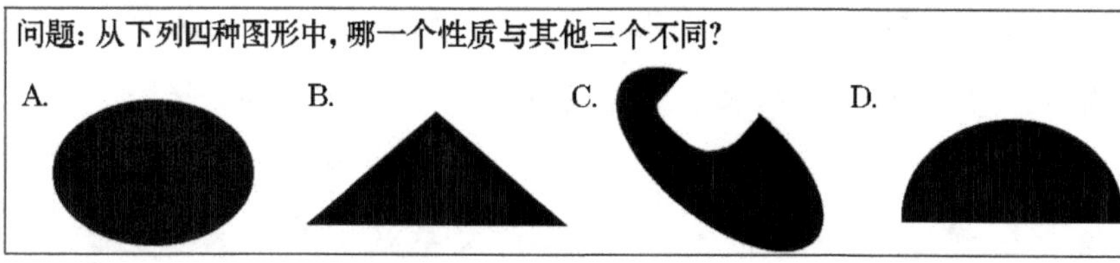

对上面这个问题，你是怎么回答的呢？你若选择的是B，那就恭喜你答对了。因为图形B是唯一一个仅由直线构成的图形。

不过，也许有人会选择图形C。由于非对称性图形只有C一个，所以C会被认为与其他图形不同。确实如此，这也是正确答案。答A也是可以的。因为A是唯一没有角的图形，所以A也是正确答案。那么，D又怎么样呢？这是唯一一个由直线与曲线构成的图形，因此D也是正确答案。换句话说，由于看图形的角度不同，四种答案全都正确。

“正确答案只有一个”这种思维模式，在我们头脑中已不知不觉地根深蒂固。事实上，若是某种数学问题的话，说正确答案只有一个是对的。麻烦的是，生活中大部分事物并不像某种数学问题那样。生活中解决问题的方法并非只有一个，而是多种多样的。

——节选自九年级上册《谈创造性思维》

C

创造主未完成之工作，我们接过来，继续创造。

美术家如罗丹，是一面造石像，一面崇拜自己的创造。

教育者不是造神，不是造石像，不是造爱人。他们所要创造的是真善美的活人。真善美的活人是我们的神，是我们的石像，是我们的爱人。教师的成功是创造出值得自己崇拜的人，先生之最大的快乐，是创造出值得自己崇拜的学生。说得正确些，先生创造学生，学生也创造先生，学生先生合作而创造出值得彼此崇拜之活人。倘若创造出丑恶的活人，不但是所塑之像失败，亦是合作塑像者之失败。倘若活人之塑像是由于集体的创造，而不是个人的创造，那么这成功失败也是属于集体而不是仅仅属于个人。在一个集体当中，每一个活人之塑像，是这个人来一刀，那个人来一刀，有时是万刀齐发。倘使刀法不合于交响曲之节奏，那便处处是伤痕，而难以成为真善美之活塑像。在刀法之交响中，投入一丝一毫的杂声，都是中伤整个的和谐。

——节选自九年级上册《创造宣言》

D

"学者先要会疑。"——程颐

"在可疑而不疑者，不曾学；学则须疑。"——张载

学问的基础是事实和证据。事实和证据的来源有两种：一种是自己亲眼看见的，一种是听别人传说的。譬如在国难危急的时候，各地一定有许多口头的消息，说得如何凶险，那便是别人的传说，不一定可靠；要知道实际的情形，只有靠自己亲身视察。做学问也是这样，最要紧最可靠的材料是自己亲见的事实根据；但这种证据有时候不能亲自看到，便只能靠别人的传说了。

——节选自九年级上册《怀疑与学问》

E

一般人常常以为，对任何问题不求甚解都是不好的。其实也不尽然。我们虽然不必提倡不求甚解的态度，但是，盲目地反对不求甚解的态度同样没有充分的理由。

不求甚解这句话最早是陶渊明说的。他在《五柳先生传》这篇短文中写道："好读书，不求甚解；每有会意，便欣然忘食。"人们往往只抓住他说的前一

句话，而丢了他说的后一句话，因此，就对陶渊明的读书态度很不满意，这是何苦来呢？他说的前后两句话紧紧相连，交互阐明，意思非常清楚。这是古人读书的正确态度，我们应该虚心学习，完全不应该对他滥加粗暴的不讲道理的非议。

——节选自九年级下册《短文两篇》

F

翻过来看，什么事最快乐呢？自然责任完了，算是人生第一件乐事。古语说得好，"如释重负"；俗语亦说的是，"心上一块石头落了地"。人到这个时候，那种轻松愉快，真是不可以言语形容。责任越重大，负责的日子越久长，到责任完了时，海阔天空，心安理得，那种快乐还要加几倍哩！大抵天下事，从苦中得来的乐，才算是真乐。人生须知道负责任的苦处，才能知道有尽责任的乐处。这种苦乐循环，便是这有活力的人间一种趣味。不尽责任，受良心责备，这些苦都是自己找来的。一翻过来，处处尽责任，便处处快乐；时时尽责任，便时时快乐。快乐之权操之在己，孔子所以说"无入而不自得"，正是这种作用。

然则为什么孟子又说"君子有终身之忧"呢？因为越是圣贤豪杰，他负的责任便越是重大；而且他常要把种种责任来揽在身上，肩头的担子，从没有放下的时节。曾子还说哩："任重而道远，死而后已，不亦远乎？"那仁人志士的忧民忧国，那诸圣诸佛的悲天悯人，虽说他是一辈子苦痛，也都可以。但是他日日在那里尽责任，便日日在那里得苦中真乐，所以他到底还是乐不是苦呀！

有人说："既然这苦是从负责任生来，我若是将责任卸却，岂不就永远没有苦了吗？"这却不然，责任是要解除了才没有，并不是卸了就没有。人生若能永远像两三岁小孩，本来没有责任，那就本来没有苦。到了长成，那责任自然压在你头上，如何能躲？不过有大小的分别罢了。尽得大的责任，就得大快乐；尽得小的责任，就得小快乐。你若是要躲，倒是自投苦海，永远不能解除了。

——节选自七年级下册《最苦与最乐》

【悦赏】

请学生思考下面的问题，并通过写旁批的方式，记录下自己的思考。

上面语段分别提出了怎样的观点？请通过比较阅读，说说各个语段在写作构思中有哪些异同点。

【悦享】

“读写结合”学习收获单

阅读上面选文，对于“议论文写作要提出中心论点”这一问题，你获得了哪些新收获？请记录下自己的思考。

【悦写】

题目：请以“美”为话题，写一篇议论文。题目自拟，论点鲜明，不少于600字。

点拨：“美”的范畴比较宽泛，有外在美和内在美，现象美和本质美，具体美和抽象美。写作文章时要力求清晰表达对“美”的认识和对“美”本质的思考。这是一个逐步深入的思维过程，反映在文章的结构层次上，可以层层深入，从而把对美的认识论述得较为透彻。

第二课时：思辨过程有据

本课时的主要学习目标是：体会根据观点合理选用论据进行论证的思辨过程，学会运用相关材料增强论点说服力的方法。

【悦读】

A

时至今天，王阳明的思想还在继续支配着一些中国读书人的头脑。因为这个文化背景，中国学生大都偏向于理论而轻视实验，偏向于抽象的思维而不愿动手。中国学生往往念功课成绩很好，考试都得近一百分，但是在研究工作中需要拿主意时，就常常不知所措了。

在这方面，我有个人的经验为证。我是受传统教育长大的。到美国大学念物理的时候，起先以为只要很“用功”，什么都遵照老师的指导，就可以一帆风顺了，但是事实并不是这样。一开始做研究便马上发现不能光靠教师，需要自己做主张、出主意。当时因为事先没有准备，不知吃了多少苦。最使我彷徨恐慌的，是当时的唯一办法——以埋头读书应付一切，对于实际的需要毫无帮助。

——节选自八年级下册《应有格物致知精神》

B

孔子说：“饱食终日，无所用心，难矣哉！”又说：“群居终日，言不及义，好行小慧，难矣哉！”孔子是一位教育大家，他心目中没有什么人不可教诲，独独对于这两种人便摇头叹气说道：“难！难！”可见人生一切毛病都有药可医，唯有无业游民，虽大圣人碰着他，也没有办法。

唐朝有一位名僧百丈禅师，他常常用两句格言教训弟子：“一日不做事，一日不吃饭。”他每日除上堂说法之外，还要自己扫地、擦桌子、洗衣服，直到八十岁，日日如此。有一回，他的门生想替他服务，把他本日应做的工悄悄地都做了。这位言行相顾的老禅师，老实不客气，那一天便绝对地不肯吃饭。

——节选自九年级上册《敬业与乐业》

C

有人说：山穷水尽，走投无路，陷入绝境，等死而已，不能创造。但是遭遇八十一难之玄奘，毕竟取得佛经；粮水断绝、众叛亲离之哥伦布，毕竟发现了美洲；冻饿病三重压迫下之莫扎尔特，毕竟写出了《安魂曲》。绝望是懦夫的幻想。歌德说：“没有勇气一切都完。”是的，生路是要勇气探出来、走出来、造出来的。这只是一半真理;当英雄无用武之地,他除了大无畏之斧,还得有智慧之剑,金刚之信念与意志,才能开出一条生路。古语说:穷则变,变则通。要有智慧才知道怎样变得通,要有大无畏之精神及金刚之信念与意志才变得过来。

所以处处是创造之地,天天是创造之时,人人是创造之人,让我们至少走两步退一步,向着创造之路迈进吧。

——节选自九年级上册《创造宣言》

D

一个有教养的人,必定从心里愿意尊重别人,也善于尊重别人。对他来说,礼貌待人不仅习以为常,轻松自然,而且能让他心情愉快。有教养的人对别人一律谦让和礼让,无论接触的人年长还是年幼,是社会贤达还是平民百姓。

有教养的人待人处事绝不会自吹自擂。有教养的人懂得珍惜别人的时间(有句谚语说得好:国王的礼貌是恪守时间)。有教养的人允诺别人的事一定尽力去做,他不会摆架子、“翘鼻子”。无论何时何地,他的行为举止都保持一致——无论是在家里、在学校、在研究所、在供职的单位,还是在商场,或者在公共汽车上,他都始终如一,稳重随和。

——节选自九年级上册《论教养》

E

第三间,安放我们自身。

这好像是一个怪异的说法。我们自己的精神住所,不住着自己,又住着谁呢?

可它又确是我们常常犯下的重大失误——在我们的小屋里,住着所有我们认识的人,唯独没有我们自己。我们把自己的头脑变成他人思想汽车驰骋的高速公路,却不给自己的思维留下一条细细的羊肠小道;我们把自己的头脑变成搜罗最新信息和网络八面来风的集装箱,却不给自己的发现留下一个小小的储藏盒。我们说出的话，无论声音多么嘹亮，都是别的喉咙嘟囔过的；我们发表的意见，无论多么周全，都是别的手指圈画过的。我们把世界万物保管得好好的，偏偏弄丢了开启自己的钥匙，在自己独居的房屋里，找不到自己曾经生存的证据。

如果真是那样，我们的精神小屋，不必等待地震和潮汐，在微风中就悄无声息地坍塌了。它纸糊的墙壁化为灰烬，白雪的顶棚变作泥泞，露水的地面成了沼泽，江米纸的窗棂破裂，露出惨淡而真实的世界。你的精神，孤独地在风雨中飘零。

——节选自九年级上册《精神的三间小屋》

【悦赏】

请思考下面的问题，并通过写旁批的方式，记录下自己的思考。

1. 选文 A、B、C 中包含了哪些论据类型？恰当选用论据对写作议论文有什么作用？

2. 请挑出以上选文中极具说服力的语句，并仿照句式特点说一句话，帮助作者增强说服力。

【悦享】

“读写结合”学习收获单

在议论文写作中，对于论据的使用，你有哪些新收获？

【悦写】

题目：请以“论坚持”为题目，写一篇不少于 600 字的议论文。

点拨：议论文写作要体现以理服人，能够产生引人深思、发人深省的效果。写作议论文要围绕自己提出的中心论点，注意论证过程逻辑的严密清晰，不能让读者读完之后不知所云。

第三课时:论证方法恰当

本课时的主要学习目标是:在议论文写作中恰当运用常见的论证方法,提高说话有说服力的能力。

【悦读】

A

发挥创造力的真正关键,在于如何运用知识。创造性的思维,必须有探求新事物并为此而活用知识的态度和意识。在此基础上,持之以恒地进行各种尝试。

这方面的典型代表,首推谷登堡。他将原来毫不相关的两种机械——葡萄压榨机和硬币打制器组合起来,开发了一种新机械。因为葡萄压榨机用来从葡萄中榨出汁,所以它在大面积上均等加力;而硬币打制器的功能则是在金币之类的小平面上打出印花来。有一天,古登堡半开玩笑地自言自语道:“是不是可以给几个硬币打制器加上葡萄压榨机的压力,使它在纸上打印出印花来呢?”由此发明了印刷机和排版术。

另一个例子是罗兰·布歇内尔。1971 年的一天,布歇内尔边看电视边这么想:“光看太没意思了。把电视接收器作为试验对象,看它产生什么反应。”此后不久,他就发明了交互式的乒乓球电子游戏,从此开始了游戏机的革命。

——节选自九年级上册《谈创造性思维》

B

《庄子》记佝偻丈人承蜩的故事,说道:“虽天地之大,万物之多,而唯吾蜩翼之知。”凡做一件事,便把这件事看作我的生命,无论别的什么好处,到底不肯牺牲我现做的事来和他交换。

……

曾文正说:“坐这山,望那山,一事无成。”……一个人对于自己的职业不敬，从学理方面说，便是亵渎职业之神圣；从事实方面说，一定把事情做糟了，结果自己害自己。所以敬业主义，于人生最为必要，又于人生最为有利。庄子说："用志不分，乃凝于神。"孔子说："素其位而行，不愿乎其外。"我说的敬业，不外这些道理。

……

我老实告诉你一句话："凡职业都是有趣味的，只要你肯继续做下去，趣味自然会发生。"为什么呢？第一，因为凡一件职业，总有许多层累、曲折，倘能身入其中，看它变化、进展的状态，最为亲切有味。第二，因为每一职业之成就，离不了奋斗；一步一步地奋斗前去，从刻苦中得快乐，快乐的分量加增。第三，职业性质，常常要和同业的人比较骈进，好像赛球一般，因竞胜而得快乐。第四，专心做一职业时，把许多游思、妄想杜绝了，省却无限闲烦恼。孔子说："知之者不如好之者，好之者不如乐之者。"人生能从自己职业中领略出趣味，生活才有价值。孔子自述生平，说道："其为人也，发愤忘食，乐以忘忧，不知老之将至云尔。"这种生活，真算得人类理想的生活了。

——节选自九年级上册《敬业与乐业》

【悦赏】

请思考下面问题，并通过写旁批的方式，记录下自己的思考。

1. 选文中作者分别采用了哪些论证方法？取得怎样的论证效果？

2. 请想一想，如果作者写作时并未运用这些论证方法，会产生怎样的论证效果？

3. 请换用其他论证方法尝试修改上面语段，比较论证效果有何异同。

【悦享】

"读写结合"学习收获单

写作议论文，对于论证方法既恰当又巧妙的运用，你有哪些新收获？

【悦写】

题目：请以“追寻自己的偶像”为题目，写一篇议论文，不少于600字。

点拨：以偶像人物的相关素材作为文章主体的资料，要注重通过多种论证方法挖掘出素材的深层意味与影响意义。

正确表达观点、合理选择论据，有力说理是“有据说理”议论文写作课程实施过程中的三个关键要素。结合初中生写作经验，在议论文写作指导的初始阶段，没有必要面面俱到，而要注意遵循循序渐进、示范练习的教学策略，各个环节逐一突破。“有据说理”议论文写作课程的实施，主要体现出三个特点：观点正确鲜明，注重培养学生独立思考问题的习惯，鼓励求真表达见解；思辨有据，体会根据观点，合理选用论据进行论证的思辨过程，学习运用相关材料来增强论点说服力的方法；论证有法，在议论文写作中恰当运用论证方法，提高表达观点有说服力的能力。

为进一步加强学生“有据说理”议论文写作能力，我们还可以指导学生掌握相应的写作方法指导，例如：

写作小贴士1：中心论点要正确、鲜明、概括，避免模棱两可、重复啰唆。中心论点的提出一般有四种方式。第一，标题即提出中心论点；第二，开宗明义，开篇直接提出中心论点；第三，通过对材料的论证，在行文中引出中心论点，或在结尾以总结全文的方式提出中心论点；第四，可以在行文中，以提出若干分论点的方式提出中心论点。

写作小贴士2：作为论据的事实材料，可以是具体的事例、概括的事实、统计的数字、亲身的经历等；作为论据的理论材料，可以是至理名言、民间谚语和俗语、科学公理等。

写作小贴士3：为了把自己的观点阐述得更加充分，可以灵活运用多种论证方法。例如，举例论证，“事实胜于雄辩”，写作议论文时可以充分运用中外历史和现实生活中的事实作为论据来证明论点；道理论证，可以引用科学原理、精辟见解、名言警句、诗词、俗语等来证明论点；比喻论证，用人们熟知的事物作为比喻来证明观点，以体现说理过程的深入浅出、生动形象，使观点更为读者容易理解；对比论证，通过对论据的比较，突出某一方面特点，以增强论证的力度。

二、“读写结合”作文课程建设的目标阐述

议论文写作，有助于引导学生对生活中各种现象形成正确认知和深刻理解，并形成自己独特的看法。因此，思想观点的表达是议论文写作构思的精髓，教师在教学实施中可以遵循“生活有真知，表达有见解，落笔有观点”的指导思路，引导学生多角度思考生活，关注身边事，由点滴小事思考成长经历，并敢于提出自己的观点，形成独特看法。

从整体上来说，“读写结合”作文课程的建设旨在培养学生自觉写作的主动性，提高学生写作能力，促进语文素养的持续提升。其教学目标主要有三点：梳理阅读收获，读写互促，激发写作兴趣；开发读写结合路径，学以致用阅读中习得的写作方法；广泛发展博览与精读等多种阅读方法，促进养成读、写、思相结合的写作习惯。

三、“读写结合”作文课程管理与评价

“读写结合”作文课程的内容安排具有灵活性特点。一般情况下，是根据课文写法的典型特点定位写作练习要点。因此，“读写结合”作文课程的实施，一般是以每一个“读写结合”作文练习的设计、实施与评价为一个周期。其管理过程分为两个环节：环节一，引导学生体会“读写结合”契合点，完成相关写作练习；环节二，按照以下评价表，组织学生完成自评、互评及自我修订。

表 3—5 “读写结合”作文课程自评、互评表

<table>
<tr><td colspan="4">作文自评、互评
评价方法：每项评价等级由低到高，分为 1～4 颗☆，请在相应等级的位置画√。</td></tr>
<tr><td>评价内容</td><td>评价要点</td><td>自评</td><td>互评</td></tr>
<tr><td>学法评价</td><td>写作收获，在习作中均有体现</td><td>☆☆☆☆</td><td>☆☆☆☆</td></tr>
<tr><td rowspan="4">技巧能力</td><td>1. 选材符合题目要求，结构布局合理</td><td>☆☆☆☆</td><td>☆☆☆☆</td></tr>
<tr><td>2. 符合文体写作要求，能恰当选用写作手法及多种表达方式</td><td>☆☆☆☆</td><td>☆☆☆☆</td></tr>
<tr><td>3. 语言表达流畅、生动</td><td>☆☆☆☆</td><td>☆☆☆☆</td></tr>
<tr><td>4. 构思有创意，语言表达表现出个性化特点</td><td>☆☆☆☆</td><td>☆☆☆☆</td></tr>
<tr><td>文面书写</td><td>格式正确，书写工整，无错别字</td><td>☆☆☆☆</td><td>☆☆☆☆</td></tr>
<tr><td>反思交流</td><td>根据自己和同学们的评价，请简要写出你的修改方案</td><td colspan="2">请为作者(同学)下一步的作文修改，提出具体的修改建议</td></tr>
</table>

第四节　重视对“读写结合”教学策略的研究

问题描述

在“读写结合”的研究中，有观点认为“读写结合”就是把在阅读中输入的各种信息应用到写作当中。这样的教学过程就很容易出现把“读写结合”狭义理解为“以读促写”，更多的教学重点也比较容易注重对阅读教学中学习收获的总结。因此，如何突破“重阅读而轻写作”的局限性，是我们研究“读写结合”教学过程的重要内容之一。

原因阐释

其实，阅读和写作之间的关系也是信息输入与输出的关系。学生在阅读中有对作者写作方法、情感抒发的输入，也有自己在阅读思考及感悟等方面的输出。在写作中，有对各类写作素材的信息输入，也有对如何处理素材的信息输出。因此，如果单纯把“读”认为是信息的输入，把“写”认为是信息的输出，显然是对“读写结合”教学的狭隘化理解。在教学过程中不能把“读写结合”简单理解为“以读促写”。因为，学生在阅读中挖掘写作知识点，积累写作素材；在写作中以课文作为阅读范本，应用阅读收获与积累。可见，在教学实践中阅读和写作是有机结合、彼此交融的，读中有写，写中有读，读写互促。

建议解析与案例分享

“读写结合”的教学过程倡导学生在感知、理解、体悟中促进对新知的不断内化、迁移、运用，最终形成学习经验的积淀储备，从而有效提高学生对语言文字的鉴赏与运用能力，这对全面提升学生的语文素养具有积极的影响作

用。为此,对"读写结合"教学的策略研究主要有以下四点建议:

一、重积累

分析教材选文的素材特点——来自自然、科学、文化、历史、社会等生活的各个领域。在阅读中,学生既增加了阅读积累,又丰富了生活的阅历。如果能及时抓住这些与自己心灵产生碰撞的点,用文字记录下来,即是在阅读过程中融合发展了写作能力。

【案例一】

学习八年级上册《三峡》一课,教师可以请同学们分析作者是怎样描绘三峡四季"风光各异"之特点的。同学们在阅读中能够体会到描写景物必须抓住独具特色的景物,如果也能像课文写出"四时之景"的变化并形成全文的线索,就更好了。然后,教师可以安排即时写作练习:请以"上学路上看四季"为题目,写出自己对四季的观察和感悟,并对比自己文章写法与《三峡》笔法的异同。这样,学生就在读写结合的过程中,把阅读体验与写作感悟融合在一起,也把自己对阅读的间接感受与写作体验的主观感受有效融合在了一起,这对于改变写作文时"无话可说"的现象具有积极的影响。

二、重表达

无论是说话还是写作,如何应对表达遇到的困难,学生们普遍没有找到行之有效的方法。分析原因,还是不能灵活运用表达策略。特别是针对不同的文体,怎样说出、写出规范的语言,学生缺乏对实践经验的总结。例如,介绍某一件物品,就要针对"是什么"的问题,主要采用说明性语言进行表达;讲述某一段经历,就要针对"怎样描述"的问题,主要采用生动性语言进行表达;论证某一个道理,就要针对"观点"和"结论"的问题,主要采用议论性语言进行表达。再有,对于写人怎样抓住人物特点,记事怎样体现情节曲折,抒情怎样润物无声，写景怎样表现画面感，说理怎样有理有据，说明怎样尊重客观事实等问题，都要善于在教材文本阅读中找到相应提示。因此，阅读教学的过程应该成为学生学习和积累写作方法的过程。掌握了具体的写作方法，就有了“怎样写好”的积累。也就是说，“读写结合”的学习，有助于把文本的阅读收获转化为学生自己能够熟练驾驭的写作思路等，实现阅读、写作双丰收。

三、重思维

文章的行文构思，对阅读来说，是一个非常重要的赏析点；对写作来说，则是结构清晰的保障。其实，如果写作文时出现逻辑混乱的问题，一般都是由构思不严谨造成的。写作过程要围绕表达的中心，合理安排选材内容、写作顺序，思考怎样表达才最合适，这些都是对写作思维的训练。而有关如何形成写作思维的提示与讲解，教材用丰富多样的课文实例给出了具体解析。因此，在阅读中重视分析作者的行文构思，引导学生读懂作者安排材料的创作目的，进而准确自己对构思的理解，提高写作中的思维能力，阅读就能成为创作的“源头活水”，从而有效避免“流水账式写作文”的现象，这也有助于学生写出有周密思考、精心构思的作文。

四、重挖掘

在阅读教学中，我们发现，教学设计并不缺少教师引领学生进行文本深度挖掘的环节设置，而相对缺少引导学生独立完成深度理解的教学环节优化设计。在写作中，我们发现师生一起讨论，素材深度即能得到深入挖掘，而学生独立构思时，对素材就很难进行深入挖掘，主题创作也就缺乏深刻性。在“读写结合”的实际教学中，建议采用追问法，循序培养学生逐层深入的理解能力。

【案例二】

学习七年级下册《驿路梨花》一课，教师可以设计追问：“文章一共有几处描写梨花，各有什么含义？如果你的习作是《校园那花正开时》，你打算描写几次校园花开，各有什么含义？课文标题《驿路梨花》中的梨花除了自然界的梨花外，还指什么？有什么妙处？你写的题目《校园那花正开时》，除了自然界的花开之外，还指什么？有什么妙处？”这样的追问设计，必然能把阅读和写作紧密联系在一起，学生能够在反复品读与写作实践中，体会“深度挖掘”的作用。

总之，在统编教材教学的背景下，注重发展读写结合教学，是落实统编教材编写理念的一个行之有效的好方法，不仅有助于提升学生的阅读能力和写作水平，还有助于引领学生积累丰富的素材资源及写作方法，促进未来的阅读体验更加真切，未来的写作实践更加有效。

第四章
多元探究——活动设计与参与实践

第一节　充分了解语文综合实践活动的研究背景

问题描述

语文实践活动对学生语文素养的提升具有积极的影响。语文实践活动注重过程性开发,在教学实践中,也存在着一些困难,例如一个主题活动的周期比较长,很难保障有充裕的时间,如何评价过程中的每一个活动细节;怎样设计活动来保障全体同学的积极参与等。

原因阐释

分析语文实践活动质量还需进一步提高的原因,首先要分析其学习方式的特点。相对于传统语文教与学的方式来说,语文实践活动强调综合性、实践性,传统语文教与学的方式虽然形式比较单一,但却是大家熟悉的,而且也有较好的学习效果,因此从突破较为稳定的教学理念的角度来说,还是具有一定难度。

其次,日常教学中对于创设体验式学习情境的忽略,也是影响语文实践活动开发效果的主要原因之一。没有体验融入学习,学生就很难产生情感共鸣,也很难形成全身心投入学习的状态,自然也无法获得乐趣感、成功感等积极的情绪体验,语文实践活动过程中的灵活性、趣味性、实用性就很难得到体现。

第三,学生参与的程度不高。结合当前活动开展的现状,特别是在分小组活动的时候,活动任务会比较集中于小组长、语文基础比较好、表达力、沟通力较强的同学,而性格相对内向、不善言辞、表达沟通能力相对薄弱的同学，在活动过程中很容易成为旁观者和聆听者，始终保持着听其他同学发言、看其他同学活动的状态。

总而言之，造成语文实践活动过程不能得到有效保障的主要原因，还是在于教学理念的更新速度比较缓慢，没有跟上新时代背景下语文教学方式变革的步伐。因此，了解语文实践活动现状，思考其发展趋势，是语文教师在教学实践中必须要高度重视的一项工作内容。

建议解析与案例分享

一、了解研究背景

我国学校教育对活动的重视由来已久。早在20世纪50年代，国家就提倡“学科教学”与“生产劳动”“课外活动”相结合。20世纪90年代以来，课程改革倡导关注儿童的经验和回归日常生活世界。1992年，《九年义务教育全日制小学、初级中学课程计划(试行)》指出：“学科以文化基础教育为主，活动在实施全面发展教育中同学科相辅相成。”随着国家教育改革工作的持续深化，语文教学越来越注重对综合实践活动课程的认识与探索。2014年教育部研制印发《关于全面深化课程改革落实立德树人根本任务的意见》，提出“教育部将组织研究提出各学段学生发展核心素养体系，明确学生应具备的适应终身发展和社会发展需要的必备品格和关键能力”。2016年9月，中国学生发展核心素养研究成果发布：中国学生发展核心素养以培养“全面发展的人”为核心，包括文化基础、自主发展、社会参与三个方面，综合表现为人文底蕴、科学精神、学会学习、健康生活、责任担当、实践创新等六大素养。

这些发展与研究都说明了“培养学生的实践能力”已经成为当前教育的重要任务之一。培养学生的实践能力，实际上就是引导学生不断发展在实践活动中灵活运用知识的能力。

二、提出改变策略

根据对语文综合实践活动存在问题的描述，深入探索相对应的解决策略，主要有三点：

第一，深入探究语文综合实践活动的教学价值。

语文综合实践活动关注在生活中对语文的学习与运用。因此，开展语文实践活动，首先要关注生活。随着新课程改革的深入，语文综合实践活动在提升学生语文素养、培养学生综合能力方面的独特优势日益显著。为了促进学生的全面发展，我们应该站在促进学生核心素养提升的高度，思考开展语文综合实践活动的价值与意义。为此，我们不仅要积极开展主题式综合实践活动，而且还要以引导者、合作者、帮助者的身份参与到活动过程中，为学生的全面发展搭建阶梯。

第二，逐步拓宽语文综合实践活动的开发路径。

研究语文综合实践活动的开展，就要研究拓宽语文学习空间的问题。“语文学习的外延与生活的外延相等”道出了语文教育与生活之间关系的真谛。“联系生活”是《义务教育语文课程标准(2011 年版)》对语文教学的明确指导。“语文综合实践活动”作为语文学习的一部分，开展实践活动涉及的领域，要敢于超越教材，拓展到生活的方方面面，实现多学科融合发展。为此，教师在教学安排中，要对语文实践活动有整体计划安排，有效保障学习时间，努力提高活动设计及活动过程的实践质量。

第三，全面激发参与语文综合实践活动的主动性。

初中语文综合实践活动提倡学生人人参与，提倡学生在活动中更好地发展个性，展示特长，在合作与探索中促进自己的发展。语文实践活动通过设置活动情境或活动环境，在策划、组织、实践、总结、交流等每一个活动环节，均鼓励全体同学人人参与，促使整个学习过程实现从“教师教方法”到“学生主动探究”的根本性转变。

三、分析发展趋势

随着“部编本”语文教材的深入实施，我们发现教材对语文实践活动的设计，内容选择新颖、要求具体明确、形式灵活多样。实践活动的主题既具有时代特点又能体现文化传承与文化包容；活动步骤既具体又富于变化；活动任务的设置既简单易行又有深度意义。在活动内容上体现了语文学习听、说、读、写的综合性，在活动意义上既体现了对学生语文素养的提升，也体现了对学生解决实际生活问题能力的培养。可见，在时代、文化、实践、实用等方面加强对语文学习传承性、开拓性、创造性的研究，是语文实践活动教学研究的发展趋势。

研究语文综合实践活动的实施过程，首先要从整体上理解语文综合实践活动对提高语文素养的推动作用。为此，语文综合实践活动的资源开发必须符合语文教学实际情况的需求，注重对学生潜在能力的发掘，培养学生的创造力和开拓精神，为学生的个性化发展创造条件。同时还要注重分析资源内涵及多元拓展的可能性，内容安排及活动环节设置，以通过具体的实践活动过程来提高学生的语文素养。

第二节　全面解析语文实践活动的教学目标及特点

问题描述

如何设计语文实践主题活动呢？做好语文实践活动的教学安排就是完成教材单元教学中融合性学习的内容吗？怎样保障对语文实践活动教学的重视程度，都是我们在日常教学研究中要重点研讨的问题。

原因阐释

教材中对于综合性学习的单元设置充分考虑到综合性学习是新的课型，这种课型有利于培养学生听说读写的综合能力。"部编本"语文教材对于综合性学习的教学安排还有一个突出特点，即随文设计，而且活动主题更加突出。这正说明在教学中开展语文实践活动，不是简单地完成单元教学中综合性学习的教学任务，而是要结合口语交际、文本阅读、写作实践等语文学习内容，体现语文实践活动的综合性、灵活性、多元性、实践性等特点。

建议解析与案例分享

关于语文实践活动的实施，教学中要关注两点。第一，语文实践活动要保证学生积极参与的主体性。为此，活动主题的选择必须要遵循学生的实际需求，并能够激发学生主动参与的兴趣。语文老师更多思考的应该是如何从学生已有的经验出发，结合学生的教材学习及熟悉的家庭生活、学校生活、社会生活来选择活动主题，保障学生具有参与活动的可能性与可操作性。第二，语文实践活动要保障教师必要的指导力。活动主题的确定、任务的分配、过程的辅导、质量的保障都需要教师做有针对性的指导，教师要及时了解学生遇到的困难，预估会产生的疑问，启发思路，介绍方法，引导学生在活动中不断提高质疑、深入探索与创新的能力。因此，在活动过程中，教师应该是指导者、组织者与合作者。

语文实践活动的评价，应该是“注重过程，而非单纯评价结果”。教师要更加关注学生在每一个活动环节的主动参与、独立判断、与人合作、解决问题、个性化创造等具体表现，以帮助学生总结过程性收获，反思所出现的问题，真正体现出语文综合实践活动是一门以学生经验与生活为前提的特点。对语文实践活动的过程性评价，也要更多体现个性化特点，例如针对学生个体的评价，不同的学生有各自的评价标准。其评价标准的制定也要切合每一位学生的实际，促使每一位学生都能在自己的能力范围内得到最适宜的评价，以增强自信心，恰当总结阶段性收获，促进语文综合能力的持续提高。

关于语文综合实践活动目标及特点的研究，应立足于链接生活，关注提高学生语文核心素养，培养学生综合能力及解决实际问题的能力。具体阐述如下：

（一）目标意义

语文综合实践活动以培养学生语文素养，促进学生整体素质的全面发展为目标，通过语文知识与实践活动的紧密相连，丰富学生的实践经验。开展语文综合实践活动，要注重体现其独特的开放性、实践性、综合性等特点，使其成为培育学生语文核心素养的重要路径，促进学生增加语文积累，提高实践能力，综合发展。

语文综合实践活动主要是通过“任务驱动”的方式整合资源、优化语文学习环境，构建课内外、校内外、学科之间相互融合的语文教育体系。在活动实施中，注重识字、写字、阅读、写作、口语交际等听说读写各方面能力的培养，注重与其他学科及生活的沟通。语文综合实践活动采用以自主、合作、探究为主的活动方式，拓宽学生语文学习的内容和渠道，引领学生在更加广阔的空间里理解语文、运用语文，为学生不断提高实践能力提供重要保障。

（二）特点阐述

语文综合实践活动首先强调“语文”的特点，不管活动涉及哪个领域、哪门学科，采取哪些方式，其落脚点都是要致力于学生语文素养的形成与发展。当然，语文综合实践活动也强调“综合”二字，注重引导学生在不同内容、方法的相互交叉与渗透整合中开阔视野。开展语文综合实践活动，首先要站在促进语文知识的综合学习与掌握这一出发点上，注重在活动中对学生观察、概括、分析、想象、感悟、表达等语文能力的培养，以促进其语文素养的整体提高与协调发展。语文综合实践活动的过程具体表现为以下三个特点：

1. 相对独立

从活动内容的角度来看，语文综合实践活动一般是围绕某一个主题而展开的，具有鲜明的独立性特点，体现了语文学科与综合实践活动内部的相互渗透，表现为语文知识的综合运用和语文能力整体发展的融合，是提高学生语文素养的有效途径。语文综合实践活动的实施，立足于促进全体学生的整体发展和学生个性化发展。因此，语文综合实践活动虽然以独立主题的形式开展，但仍然能体现出个人、集体、社会、自然等各方面的内在整合。

2. 注重体验

从课程学习的角度来看，语文综合实践活动以培养学生综合应用的实践能力为目标，注重每一位学生在活动中的参与、体验探究与实践应用。语文综合实践活动在师生平等对话的过程中展开，不仅要求教师积极参与设计和指导，还非常注重学生的需要和兴趣，鼓励学生选择适合的学习方式，以保护他们积极参与的主动精神，突出自主性。活动中教师要注重对学生活动过程的有序指导，以保障活动过程中确定主题、设计方案、分配任务、实践总结等每一个教学环节的质量。对于学习过程中出现的问题，鼓励学生在教师指导下自主解决，以体现出学生既是语文综合实践活动的设计者同时又是实施者的特点。教师主要起指导和组织管理的作用。

3. 强调多元

从活动形式分析，语文综合实践活动既包括显性活动，例如朗诵表演、习作练习、读书分享会，也包括隐性活动，例如黑板报编写，校园宣传栏设计，等等。

从学习内容分析，初中语文综合实践活动既强调书本学习与实践活动的综合，又体现了接受学习与体验学习的综合；既是课内学习与课外学习的综合，又是个体探究与合作研讨的综合。因此，语文综合实践活动既可以在课内进行，也可以在课外拓展，涵盖学校、家庭、社区等生活，也可以涉及自然、社会等生活领域。

（三）关于语文实践活动路径的开发与探索的建议

1. 明确主题，精心设计活动环节

在活动中，只有主题明确，活动过程才能围绕一条主线有序展开。教学实践证明，教师备课的重要意义就体现在对教学内容的准确理解和适当把握的过程中。同样，语文实践活动的准备环节，也要遵循充分备课的规律，以确保活动主题的内涵得以充分展示，活动循序渐进展开。

2. 鼓励参与，发挥学生主体作用

在语文实践活动中，学生可以根据自己的兴趣来选择、确定想要探究的活动主题，明确任务分配，这对充分发挥学生的主体作用有积极的促进作用。

【案例一】

开展“为你推荐名著”语文综合实践活动时，教师把全班同学分为三个小组，第一组的任务是走进学校和社区，随机采访，调查大家喜爱的书籍有哪些，并总结调查结果，撰写调查报告。第二组的任务是根据调查结果，分类提供具体书目和内容简介。第三组的同学在提供的书目里，选择典型篇目进行细致阅读，并以交流阅读心得的方式，与同学们进行深度分享。每个人都有明确的责任，都是活动中不可缺少的一部分，这当然有助于发挥每一位同学学习的主动性，使活动更有效率，真正体现在“做”中“学”。

3. 适切指导，发挥教师主导作用

开展语文综合实践活动，在强调学生主体作用的同时，也要强调教师的主导作用。为此，语文教师不仅要注重提高自己的语文学科专业知识和专业素养，还要注重进一步提高活动组织和管理能力，更加深入地了解学生。只有这样才能确定鲜明而有价值的主题，确定丰富又适合学生发展的话题，在活动过程中才能给予学生所需要的恰当指导。另外，对于学生的学习成果，教师要注重结合发展性原则给予恰当的评价，以帮助学生不断进步。

第三节　深度剖析语文实践活动的资源类型及特点

问题描述

在教学中,我们常遇到这样的问题:开发语文实践活动资源,如果在宽度上有太多拓展,活动设计就很可能超出学生可接受的范围,会让学生感觉难度颇高,从而造成因缺乏经验而难以驾驭的现象,最终影响活动效果。

原因阐释

之所以会出现语文实践活动资源的窄化性理解,主要是因为缺乏对语文实践活动生活化特点的认识,也缺乏对教师在活动中重要作用的明晰认识。教师引导学生选择适宜的活动主题,是架起教材与生活之间的桥梁,教师对活动各个环节的设置与安排,是教材与生活之间密切关联的外显表现。语文实践活动是语文学习内容的拓展,生活的外延即是语文学习的外延,也是语文实践活动的外延。可见,语文实践活动资源的开发具有广阔的领域,关键在于活动设计要符合学情的具体情况。

建议解析与案例分享

一、语文综合实践活动资源的四种主要类型

语言交际类,例如课前练说、专题讨论、主题演讲、问题辩论、采访活动、争当小广播员等。

操作实践类,例如黑板报、橱窗、手抄报、阅读与习作、班报、语文园地等。

社会参与类,例如专题研究报告、社会调查、参观访问、社区服务的计划与总结、观察大自然写心得体会、社会宣传等。

主题活动类,例如语文活动课、主题班会活动、传统节日、纪念日活动、诗歌朗诵会、小品、相声表演等。

二、初中语文综合实践活动资源分析

“注重对活动资源的开发与利用”是开展语文综合实践活动的关键要素之一。语文综合实践活动的资源主要分为“教材及相关资源”和“生活拓展资源”两种类型。语文教材是主要的课程资源,这是初中阶段开展语文综合实践活动的依托。无论语文课程如何改革,语文教学活动设计都必须以语文教材的学习为基础。与语文教材相关的活动课程资源有很多,例如学校的图书馆、阅览室、机房、广播室。语文综合实践活动的生活拓展资源是对教材及相关资源的有益补充,生活拓展资源的主要特点是,结合具体的生活情境,通过对语文学习内容的优化,关注学生语文素养的提高,强调学生对所学语文知识在实践中的运用。下面重点分析“生活拓展资源”,主要包括五项内容:

(一)现代媒体、信息技术等互联网资源

在当今这个飞速发展的信息时代里,引导学生充分利用各种信息资源,是初中语文教育发展的趋势,也是实施语文综合实践活动的重要条件。例如学习新闻单元时,可以通过组织学生看报纸、听新闻、看电视专题片等方式,锻炼学生查找资料、获取信息的能力。

(二)地方历史文化资源

我国各地都有爱国主义教育基地、历史文化遗址、文化名人故居等文化资源,这是开展语文综合实践活动的重要资源,教师可以带领学生前往参观考察,也可以开展线上“云”参观等活动,指导学生收集、阅读有关书籍,了解相关知识,这既可陶冶高尚的情操,又有利于推进语文素养的形成,从而促进学生全面发展。

（三）学科融合资源

语文综合实践活动的“综合性”决定了活动内容不能仅局限于对语文教材本单元知识的理解与挖掘，还要善于进行合理延伸与拓展，而与地理、历史、生物等众多学科的融合，就成为开展语文综合实践活动的崭新路径。因此，语文教师还应与其他学科的老师密切配合，通过教学资源的整合与互融，促进学生在语文综合实践活动中获得知识，提高能力，发展素养。

（四）校园活动资源

校园文化活动是以学生为主体，以校园生活为主要时空，以丰富多彩的活动形式为载体，以培养学生全面发展为主要目的。校园文化具有极强的感染力，可以促使学生在潜移默化中陶冶道德情操，锤炼意志品格，提高审美能力。因此丰富多彩、妙趣横生的校园文化活动，也为语文教师开展综合实践活动提供了良好契机，例如，国庆节“歌唱祖国”文艺汇演、元旦“迎接新生活”联欢会、诗文朗诵比赛、演讲比赛、书画展览，等等。在日常教学中，如果能实现语文综合实践活动与学校活动的有机结合，就开辟了一条促进学生语文素养提升的有效路径。

（五）校外课程资源

生活中，语文无处不在，语文教师要注重引导学生在日常生活中学好语文。校外语文综合实践活动的资源多种多样，例如，游览济南的趵突泉，其中的漱玉泉与宋代女词人李清照有关，如果能把旅行的见闻与李清照的作品相融合，那么旅行的过程就自然而然地与语文实践活动融为一体了。

在实践中，“教材及相关资源”“校外课程资源”共同形成了开展语文综合实践活动的“源头活水”，因此，初中语文综合实践活动在设计方案、组织实施时，应首先以教材资源为主要依托，合理拓展校外课程资源，使二者发挥相得益彰的作用。

第四节　多元研讨语文综合实践活动开发路径

问题描述

对于语文综合实践活动路径的开发，老师们能在“多元性”上达成思想共识，而在“怎样开发”的实践性方面，却感觉缺乏对教学方法的总结与提升。因此，分析语文综合实践活动的教学现状，依然存在“理论”与“实践”有所脱离的现象。

原因阐释

语文实践活动资源开发和利用的质量直接影响着活动实施过程的质量。目前，在教学中，对语文实践活动资源的积极开发与利用还是存在比较简单的现象。其主要表现是，教师期望有成熟经验能直接效仿或套用。其实，语文实践活动资源既有来自校内的，也有来自校外的；既有显性表达形式，也有隐性存在方式。而学情各异化的特点，就为活动主题、活动形式、活动内容的个性化选择提供了可能性，因此，教师在设计活动中，要注重突破整齐划一的管理方式的局限性，思考如何通过有效提高语文实践活动的资源开发与利用的质量，来促进学生在整体发展的过程中获得个性化发展。

建议解析与案例分享

新时代语文综合实践活动的开发路径，紧紧围绕语文学科核心素养所包括的四个方面展开，即：语言建构与运用、思维发展与提升、审美鉴赏与创造、文化传承与理解。也就是说，语文综合实践活动的路径，可以从语言、思维、审美、文化等角度进行开发与实践。

（一）建构语言，交际中运用

《义务教育语文课程标准（2011 年版）》指出：“工具性与人文性的统一，是语文课程的基本特点。”也就是说，不断加深对祖国语言文字的理解与热爱，提高对祖国语言文字运用的能力，是语文课程赋予学习者的一项重要任务，也是语文课程专属的立德树人功能。建构语言的环境是广阔的生活，把生活中自然形成的语感逐步发展为理性思考的表达，是社会生活对学生终身发展所提出的一项能力要求。实践证明，专题讨论、主题演讲、问题辩论、人物专访、校园广播等活动，在引导学生正确、熟练、有效运用语言的同时，对于不断增进语文学科素养也有积极的作用。

【案例一】

学习“部编本”语文教材八年级上册朱德的作品《回忆我的母亲》，教师安排了实践活动“为您朗读”：首先请同学们先说一说朱德对母亲的深厚情感带给自己的感触，然后请同学们回想一位对自己成长产生极大影响的长辈，回想自己与他（她）之间的点点滴滴，用生动的语言为他（她）创作一首诗歌，并通过电话、视频等方式为他（她）朗读，同时阐述自己的创作理由。活动中，请同学们做好两个角度的比较分析：角度一，自己的朗诵语气与日常同长辈交流的语气；角度二，长辈听完朗诵与自己交流的语气与日常交流的语气，从而引发同学们的思考，与他人交流，在语气、语速、称呼、感情等方面怎样做更加适宜。

这是一个典型的语言交际实践活动，实现了语文学习内容与日常生活实际的融合，从学生的日常生活中寻找素材，引领学生体会语文学习与日常生活的相关度。

（二）审美鉴赏，合作中创造

《义务教育语文课程标准（2011 年版）》指出：“语文课程应重视提高学生

的品德修养和审美情趣，使他们逐步形成良好的个性和健全的人格，促进德、智、体、美的和谐发展。”苏联教育家赞科夫指出：“人具有一种欣赏和创造美的深刻而强烈的需要。”新时代背景下，开展语文实践活动，语文教师要善于以美的形象感染学生，以美的意境陶冶学生，以美的事理启迪学生。而且，还要充分利用各种教育教学资源，从实际入手，组织学生积极参与，带领学生认识集体力量和团结协作的优势，强化学生“海纳百川激惊涛之力”的合作意识，深刻理解个人与团队之间的联系就如小溪与大海一样，将自己融入集体才能充分发挥个人的作用。

以培养审美鉴赏为切入点的语文综合实践活动有很多类型，例如，布置语文橱窗，设计绘制语文黑板报、手抄报，等等。

【案例二】

八年级上册第一单元是关于“新闻知识学习”的活动单元。从教材要求来看，活动探究单元的学习主要依靠学生主动参与，亲身实践，充分发挥自己的创造性，在学习与活动中形成自己的知识结构，获取较多的直接知识，形成相应的新闻阅读与写作能力。本单元教学，教师安排了“新闻剪报”主题实践活动。活动分为三个环节：

环节一：主题剪报

学生们按照自己的兴趣收集报纸，确定主题。活动中，有的同学确定了“体育之旅”“科技之星”“百科知识之窗”“生活指南”等主题，有的同学选择了“母爱”“师恩”“友情”等主题。多元主题的确定，确实体现出学生在活动中的主体性。

环节二：鉴赏评价

以学习小组为单位，选出精品剪报进行全班展示，请制作者介绍自己的剪报特色。通过比较，同学们能够发现剪报的优点或不足。同时，教师给予手抄报制作技术方面的指导：报头，一般情况下应放在最醒目的位置，画面结构紧凑，主题明确；科学排版，一般重要文章应放在显要位置；还要注意长短文章穿插、横排竖排相结合，使版面既工整又生动活泼；插图与插画的位置要合理，能对主体内容起到辅助作用。接下来就是布置宣传展示栏，同学们把自己制作的剪报贴在班级的宣传栏上，鼓励大家以审美的角度鉴赏、评价，总结积累制作经验。

环节三：延伸拓展

组织学生以小组为单位，制作以“班级新闻”“校园新闻”为主题的班报、校报，并再次展示于班级的宣传栏上。相比剪报而言，这一次的班报、校报制作活动，在“内容与题目相符合”“图文并茂”“新颖有创意”“做工精细”“内容多彩”等方面都体现出了学生的进步。在新闻素材选取、新闻人物采访、新闻稿撰写等方面，也表现出大家学习思维的成熟。

这是一个典型的以审美鉴赏为切入点开展的语文实践活动课例，活动中学生们兴趣盎然，大家拓宽了信息渠道，增长了知识，开阔了视野，提高了交往合作的能力。

【案例三】

学习八年级上册《苏州园林》一课，我们通过“布置黑板报”的形式，开展了“话说园林文化”语文实践活动。黑板报分为四个栏目，分别由四个小组承担相应的任务：

第一组：“家乡有约——看看天津园林”。

第二组：“开阔视野——了解中国园林”。

第三组：“韵味无穷——品味园林文化”。

第四组：“放眼世界——博览世界园林”。

在“家乡有约——看看天津园林”栏目里，第一组同学搜集天津市园林建设的信息，既有近年来建设的西青郊野公园、宝坻潮白河湿地公园，也有蕴含文化历史的金刚公园、天津古代的著名私家园林——问津园，等等。同学们把这些园林建筑，配以图片和文字简介展示在黑板报上，使同学们了解天津园林的昨天与今天，进而了解天津历史。

在“开阔视野——了解中国园林”栏目里，第二组同学以园林为媒介，通过对搜集到的中国古今园林信息的对比，了解了中国古代园林知识，筛选出极具特色的中国现代园林代表作品，展现了今天祖国园林的发展，使大家更加深刻地体会到祖国飞速发展的光辉成就。

第三组同学开展品味园林文化的活动，大家聚焦问题：“是什么原因，让中国园林不断发展，并形成如此独特的艺术形式？”同学们谈道：“中国古典园林以自然界园林为蓝本，是人们在一定的空间内，经过精心设计，运用各种造园手法，将山、水、植物、建筑物加以构配，使人工美和自然美加以融合，从而表现出在尊重自然的前提下，改造自然的观点和态度。而这正是‘天人合一’哲学思想体系的表现：融入自然、顺应自然、表现自然。”由此引发了同学们对于生命、对于自己及自然万物与他人他物和谐共存生活态度的思考。学生们还谈道：“匾额楹联不仅仅点缀堂榭，装饰门墙，还有表达造园者或园主人思想感情，增加诗情画意，画龙点睛的作用。”同学们吟诵“清风明月本无价，近水远山皆有情”“爽借清风明借月，动观流水静观山”“四面荷花三面柳，一城山色半城湖”“楼观沧海日，门对浙江潮”等园林楹联，有一种身临其境之境界。

第四组同学在“放眼世界——博览世界园林”的活动中，完成了对中国园林、西亚和欧洲古典园林主要特点的探究，并以“特点说明表”的形式完成小组汇报。

从这个案例中可以得到借鉴：以黑板报为表现载体的语文实践活动，在宣传影响力方面有着独特的优势，同学们驻足于黑板报之前，通过阅读增长语文知识、增长社会见识、拓宽思路，发展思维。这对于增强班级、校园文化建设等也起着积极的促进作用。

（三）发展思维，分析中提升

新时代发展的一个突出表现就是信息技术支持下，课堂教学发生了根本性变革。在一篇文本的学习过程中,学习资源不再仅仅是教材中的这一篇文章,还包括通过互联技术和数据技术所能得到的与这篇文章相关的作者、作品、背景、文体、素材等内容,都可以成为海量学习资源之一。语文实践活动信息资源的开放性,恰好能够满足新时代为教育发展提出的新要求。即:通过思维,对由感知得来的各类资料进行由表及里的加工,实现从感性认识到理性认识的飞跃,达到对事物更深刻、更准确、更全面的认识,从而解决生活中的实际问题。例如,组织专题社会调查,撰写总结报告;开展人物专访,撰写人物通讯;开展主题社会宣传,等等。这些都是基于解决具体问题非常实用的语文实践活动方式。

【案例四】

解决一个问题的思维过程,包括对问题的理解与分析、探索与实践。引导学生发现问题各个要素之间的联系是寻找解决问题的重要思维路径。学习七年级下册《阿长与〈山海经〉》《老王》《台阶》《卖油翁》《叶圣陶先生二三事》等课文,学生们表现出一个共性问题:理解人物形象都是从单一方面入手,在读写结合写随笔作文时,塑造人物也是着眼于人物的单一性格。分析原因,主要是由于"直接获取"信息所带来的思维固化。为改变这一现状,教师以四单元《最苦与最乐》的学习为契机,开展主题辩论,辩题是"逆境与顺境,哪个更利于人才成长"。同学们自由选择正反方,双方各抒己见,还查找了文天祥、范仲淹、鲁迅、周恩来、爱迪生、比尔·盖茨等实例,资料涉及古今、国内外、文学、科技、政治等多领域。同学们分析了顺境在成长中的积极影响,也分析了逆境对于一个人在成长中的助推作用;大家能够从"一帆风顺"的美好愿望与"困难坎坷"相伴的客观事实两方面的辩证关系准备辩论素材。辩论中,辩手同学始终保持思维的逻辑性,聆听辩论的同学们也始终保持精神状态的高度集中。由此,学生们在实践中发展了辩证思维。当重新理解《阿长与〈山海经〉》《老王》《台阶》《卖油翁》《叶圣陶先生二三事》等课文中的人物形象，自然也就更加客观、深入。

在学习中，培养学生的逻辑思维是语文教学的重要任务之一。学生思维的发展不能仅停留在从书面文字、音像资料、生活交际中提取相关信息，还要更加关注在准确认识和理解信息的基础上，学会处理和运用信息的方法，从而解决实际生活所碰到的问题。

（四）传承文化，理解中发展

语文学习是母语学习，承担着传承文化的载体作用。“部编本”初中语文教材为促进文化理解、形成文化认同，提供了丰富的文化资源，例如《小石潭记》《岳阳楼记》《黄河颂》《白杨礼赞》等，都从不同角度展示出中国文化，历史与现实在文化的理解与传承中融为一体。多彩的生活也为我们提供了丰富多彩的文化元素，例如，“五四”之歌主题朗诵会、春节等传统节日介绍、古代乐器及相声表演等活动，都是对民族传统文化的展示，是对民俗习惯、风土人情、民族精神等文化精髓的继承与发扬。语文老师要注重引领学生实现历史与现实的对接，将语文学习的内涵渗透到社会生活各个领域，伴随学生的成长。

【案例五】

九年级上册第一单元的《沁园春 雪》《我爱这土地》《乡愁》，这三首诗歌都是与国家、土地以及家乡有关的内容，因此，教师开展了以“脚踏一方土”为主题的语文综合实践活动，设计了“自由诵读教材篇目——诗歌欣赏拓展篇目——自我创作与分享”三个活动环节，鼓励学生拓展阅读有关科技、农业、成长等多方面素材的诗歌，培养学生热爱祖国，热爱家乡，热爱生活，并通过诗歌原创与分享来深化对讲究韵律、真挚抒情等诗歌文体特点的理解。

【案例六】

学习八年级下册《安塞腰鼓》一课，学生们对我国民风民俗表现出极大的兴趣。教师抓住这一契机，开展了“倾听乡音”主题实践活动。同学们从了解自己的家乡入手，通过采访长辈、网络学习等形式，搜集有关家乡民风民俗、自然风貌、名人逸事等信息，然后整合信息资料，向同学们进行展示。大家展示视角独特，形式新颖。有的同学汇报的主题是“担当导游话乡俗”，对各地乡俗的产生、发展、演变进行介绍分析；有的同学汇报的主题是“赏析乡俗名篇”，从搜集地方名人作品等活动中开阔自己的阅读视野。在这次语文社会实践活动中，学生们筛选信息主题明确，撰写的稿件语言流畅，内容丰富。通过这一综合实践活动，大家在感受历史、积淀文化的过程中，更加激发了深刻认识家乡、热爱家乡的情怀。

在实践活动中，语文老师既要关注学生发现问题、调查研究、收集信息、表达与交流的能力，又要关注学生学习方法和习惯的养成；既要关注学生是否尊重伙伴，合作顺利，又要关注学生在讨论、交流时是否能够享受学习过程的愉悦；既要把握好每一个活动环节，又要关注活动开展的进程，关注学生对语文的情感体验。总之，在实践活动的实施过程中，教师要关注每一位学生丰富多彩的体验和创造性表现，特别是要关心学生在活动中的变化与发展，从而更具体地落实实践活动的整体设计。

第五章

学科育人——教材研究与“以美育美”

第一节　让语文教学在传承中发挥“以美育美”的教育作用

问题描述

一直以来，语文教学都非常注重对知识的传授、巩固与运用。分析教学现状，在教学中，依然存在着对提高语文能力窄化理解的现象，把提高语文能力简单理解为提高识字、解词、言语表达、写作技巧等方面的能力，对语文美深层意义的理解还需深刻，对语文审美教育积极促进作用的深入体现也还需进一步加强认识。分析教学现状，语文审美教育在实施过程中依然存在着需要进一步加强体现的现象，更加发挥出语言文字美育的教育作用。

原因阐释

2016 年教育部统编语文教材在全国范围内开始普及使用。教师对于“部编本”语文教材的熟悉程度和研究深度与人教版教材相比还需要加强。再加上教学实践更加关注对语文素养提升的研究，教学中对于语文学科美育研究的深入理解还需进一步加强。

建议解析与案例分享

高度重视语文学科美育教育的重要作用，首先要全面了解语文学科提出“以美育美”教育背景的时代特点，并且要用“放眼未来看教育”的意识思考如何促进语文学科“以美育美”作用的充分发挥。为此，可以通过加强对相关文献的研究，来深化对语文学科“以美育美”育人理念的理解。

一、语文学科提出“以美育美”理念研究的必要性

(一)新时代呼唤语文学科发挥“以美育美”育人作用

国家十分重视美育教育改革,2015 年 9 月 15 日,国务院办公厅印发《关于全面加强和改进学校美育工作的意见》;2018 年 9 月 10 日,习近平总书记在全国教育大会上强调培养德智体美劳全面发展的社会主义建设者和接班人;2019 年 3 月 29 日,教育部发布《关于切实加强新时代高等学校美育工作的意见》;2019 年 4 月 20 日,全国学校美育工作会议在苏州举行,研究部署新时代加强和改进美育的工作。这些文件的颁布,充分说明了从国家到基层学校对于美育教育的高度重视。同时,我们也可以看到,这些文件对应了学生从未成年人到成年人的成长阶段,再联系我们新时代教育思想的倡导,社会主义核心价值观的教育,说明在义务教育阶段实施美育教育是时代赋予教师的使命。语文学科在“美育熏陶”方面承担着积极的重要的教育的责任。因此,在义务教育学段,初中语文学科必须要以教学为依托,加强以美育人作用的研究。

(二)课程建设保障语文学科体现“以美育美”的人文内涵

工具性与人文性的统一,是语文课程的基本特点。语文课程丰富的人文内涵对学生精神世界的影响是广泛而深刻的,其中所包含的修辞、文字、词汇、阅读、写作等学科知识都能挖掘出审美元素,带给学生情感上的愉悦,达到审美教育的目的。《义务教育语文课程标准(2011 年版)》对语文学科体现“以美育美”的人文内涵提出了具体要求:继承和发扬中华优秀文化传统和革命传统,体现社会主义核心价值体系的引领作用,突出中国特色社会主义共同理想,弘扬以爱国主义为核心的民族精神和以改革创新为核心的时代精神,树立社会义荣辱观,培养良好思想道德风尚,同时也要尊重学生在语文学习过程中的独特体验。可见,语文学科在完善与发展课程建设的过程中,注重充分利用教材选文文质兼美、蕴含丰富的特点,引导学生提高主动发现美、

体验美、创造美的审美能力，从而体现语文学科“以美育美”的育人目标。

（三）学生素养提升奠基语文学科“以美育美”研究平台

随着时代的发展，生活信息化也进入快速发展时期。对于初中学生来说，生活日益变得更加开放而且多元，信息领域深入发展，大家所面对的多元化影响、顺逆境等都随着成长环境的变化而发生着改变。从思维的发展来说，初中生的抽象思维、辩证思维、批判性思维都较小学有了比较大的发展。因此，初中生在心理认知等方面也较小学阶段有了较大的发展。学生是祖国未来的建设者，是民族发展的希望，更应该具有高尚的情操。再结合初中学生的特点，初中学生正是形成世界观、人生观、价值观的关键时期，这就为语文学科在学生心理、思维成长的关键时期充分发挥积极影响，发挥以美育人的作用，提出了更高要求。

2016 年 9 月 13 日，中国学生发展核心素养研究成果发布，在审美情趣的发展方面明确指出：具有艺术知识、技能与方法的积累；能理解和尊重文化艺术的多样性，具有发现、感知、欣赏、评价美的意识和基本能力；具有健康的审美价值取向；具有艺术表达和创意表现的兴趣和意识，能在生活中拓展和升华美等。审视初中学生的思想发展现状，我们发现初中学生在自制能力、意志坚定、积极奋斗等方面还存在诸多需要教育与引导的现象。因此，如何培养学生健康的审美情趣，丰富学生的审美情感，促进学生实现对生活中真、善、美的追求，促进学生个性发展是我们开展教学研究的一项重要内容。

（四）教育现状存在的问题要求语文学科发扬“以美育人”的教育优势

分析初中语文教学现状，主要问题是比较偏重工具性知识讲授的现象依然存在，还需进一步提高语文学习中对人文性审美熏陶作用的重视程度，原本应当充满趣味的语文学习过程显得有点简单。“部编本”初中语文教材中的选文都是精心挑选的美文，但在实际教学中由于受到课时进度紧张等客观因素的影响，有可能会出现教师忽略或弱化对教材之美深入挖掘的现象。因此，在教学实践中，教师要有意识地加强对语文学科文化美的挖掘。

另外，从语文教师团队特点来看，绝大部分老师已经认识到发展语文教学美育教育的重要作用及对学生成长的重要意义。但是由于教师自身对美育教育的研究比较少，对美育教育内涵还需加深理解，在教学中进行美育实践就更多关注培养礼仪习惯或简单的道理讲解，而对于“在语文教学中如何体现美育思想润物无声的教育效果”“如何将语文教育审美化”等具体的操作性问题有进一步加强研究的需求。因此，语文学科追求“以美育美”教育效果深入化，需要语文教师不断提高自己的美学素养，充分发挥语文美育对于学生思想、心理成长的积极引领作用。

二、了解语文学科“以美育美”理念的文献综述

（一）国外研究现状

文学教学是实施美育的重要途径，世界各国都重视母语的文学教学。美国的语文教育工作者十分重视语文课中的美育，他们认为：阅读和研究文学作品，能够使学生开阔眼界，使他们能身临其境地感知一些地方、人物和事件，增加他们对日常生活的情趣和探索意识，从而给学生的生活增加一个特别的天地；学生能够从文学作品中了解人类自身的动机、冲突和价值。因此，美国的语文教育工作者反对在教学中将认知教学同审美教育割裂开来的做法，认为文学的教学是审美教育的最好范例。

英国 1985 年颁布的《普通中等教育证书国家标准 · 英语》指出：“英语可视为一门学科，也可以看作英语和英国文学两门课程。”英国的英语学科，有语言教育，包括听说、阅读、写作、拼写、书写等；有文学教育，指导学生阅读英国文学、美国文学和翻译的外国文学作品，学生能够从作品主题、人物、语言、表现手法等方面鉴赏文学作品，并且交流阅读文学作品的感受和个人反应。

德国的语文教育工作者认为：应当了解文学作为自我表现的产物，作为满足美感的手段，作为反映现实生活的镜子的奇妙作用；通过学习和分析古典和现代的文学作品，扩充自己的语言能力，在社会基础美学表现形式和哲

学理论设计方面开拓文化的语言空间。

苏联教学大纲指出:文艺作品是认识生活的源泉,是对学生进行思想和道德教育、形成学生世界观和性格的强大手段。教学大纲设定文学课的目的是:使学生获得有关俄罗斯古典文学、苏联文学和外国文学的知识;培养对语言艺术和文学形象以及社会关系的认识能力;发展学生运用语言和自觉阅读的技巧;培养爱国主义的思想和审美能力。

法国《高级中学语文教学大纲》指出,学习法语是“打开通向法语文化和欧洲文化的道路”,《法国初中教学大纲》明确指出,“美学敏感的启蒙”是与“学生评判能力的培养”并置的两个目标,确立法语教学目标是“让每个学生形成自己的个性,成为有觉悟、自立和负责任的公民”。

日本文部科学省 2004 年《高中学习指导纲要》提出国语教材编写原则“有益于加深对生活和人生的思考”,《学习指导要领》提出对教材编写的指导原则,涉及养育丰富的情感,勇敢面对生活的意志,对人类、社会、自然的关注与思考以至国际合作精神等内容。

（二）国内研究现状

我国有着深厚的美育传统,例如,孔子说:“兴于诗,立于礼,成于乐。”这些美育传统对我们开展教育研究具有重要作用。

近代以来,随着美学思想的不断发展,中国的美学教育也因此进入了深入发展的时期,主要代表人物为王国维、蔡元培、宗白华、朱光潜等著名美学家。王国维曾在《论教育之宗旨》一文中指出教育的宗旨就是“使人为完全之人物”。蔡元培在 1912 年发表的《对于新教育之意见》,将美感教育列为五项教育主张之一,之后蔡元培又专门就美育问题发表了许多重要文章和论述,申述他的美育思想,表明他对美育的高度重视。他曾说:“凡是学校所有的课程,没有与美育无关的。”宗白华的美育思想主要表现于《美学与意境》这部著作之中。在书中他提出了“艺术的人生观”这一美育主张,并认为人应该用“唯美的眼光”来看待世界,“从艺术的观察上思考人生、生活是什么,人生行为应当怎样?”从而让人们获得艺术一样的人生态度,使人的一生像珍贵的艺术品一样优雅高尚。朱光潜曾发表题为《谈美感教育》的文章来阐释他的美育主张。他的主要美育思想可以概括为“美感教育就是情感教育”。他认为美育是德育的基础,美育能帮助人们从本能冲动和情感、眼界以及自然限制中解放出来,这对我们发展美育有重要启发作用。

语文教学贯穿审美教育,可以使教学充满情趣,使学生获得美的享受,有利于陶冶情操,也有利于调动学习积极性。1986 年国家教委颁布的《全日制中学语文教学大纲》,明确提出要培养学生“健康的审美观”,这是把美育列入语文教学目的之中,开始引导语文教师自觉进行学科美育研究。这是一个重大突破,随后的语文美育步入了研究阶段,在 1986 年到 1989 年间形成中学语文美育研究的一次高潮。

1993 年 2 月,中共中央、国务院印发《中国教育改革和发展纲要》,第 35 条明确指出:“美育对于培养学生健康的审美观和审美能力,陶冶高尚的道德情操,培养全面发展的人才,具有重要作用。”因此,1993 年到 1995 年形成语文美育研究的又一次高潮。

1996 年以后,语文美育的研究又上了一个台阶,产生了新的发展。研究者普遍认为,美育是语文的重要内容,是语文教学的较高层次,主张“课堂教学,应被看作师生人生中一段重要的生命经历,是他们生命的有意义的构成部分。”把语文美育提高到人生的高度来认识,是我国语文教育一次飞跃性的发展,为语文教育开拓了更为广阔的空间。

2001 年,教育部颁布的《全日制义务教育语文课程标准》(实验稿)指出:“语文课程还应重视提高学生的品德修养和审美情趣,使他们逐步形成良好的个性和健全的人格,促进德、智、体、美的和谐发展。”并且提出“重视语文的熏陶感染作用”的重要责任。语文课程的总目标指出:“在语文学习过程中,培养爱国主义感情、社会主义道德品质,逐步形成积极的人生态度和正确的价值观,提高文化品位和审美情趣。”这些文件所提出的具体内容,都是对语文课程的多重功能的明确说明，也是对语文教学作为教育发展重要组成部分的明确肯定。

（三）文献研究综述

分析世界各国语文美育教育所遵循的共同理念可知，文学教育是语文美育最重要的实施途径，语文美育的目标在于涵养学生的人格，发展学生的个性，在于“立人”“成人”。其文学教育的人文价值和无穷魅力主要展现在有助于吸收文化价值观念，学习民族精神；有助于对自然、生活、艺术进行审美，培养审美能力和审美情感，陶冶情操，发展个性等方面。

二十年来语文美育在我国教学改革中所取得的成就，主要有以下三点：

1. 语文美育的研究理念逐渐加强

在近二十年的教改实践中，语文老师对于语文美育性质的认识日渐清晰。语文美育是以美学和审美教育理论为指导，充分发挥语文美育功能的一种形象化情感教育。语文美育研究，在充分体现语文课程多种教学功能的同时借鉴了哲学、美学、文学、语言学、教育学、心理学、伦理学等领域的知识，注重培养学生鉴赏美和创造美的能力，启发学生完善自我人格的形成。从本质上来说，语文美育的核心是以学生的全面发展为目标，在培养学生感受美、鉴赏美、表达美、创造美的学习过程中，引导学生树立正确的审美观，形成高尚的审美情趣，促进审美心理结构的形成、完善与发展，促进学生全面成长。

2. 语文美育的研究内容比较清晰

语文美育的研究内容主要分为两类：一类是关于语文教学与审美教育关系的理论研究，有对审美主体的研究，如师生审美修养提升；有对审美环境的研究，如学校语文美育环境、家庭语文美育环境和社会语文美育环境等方面。一类是结合语文学科审美教育现状进行分析与研究，根据存在的具体问题，探讨语文教学中审美教育的实施建议。如以教材课文为例，结合小说、诗词、散文、戏剧等文体特点，进行语文审美实践活动的探索，引领学生把对审美的感性认识逐渐上升为理性认知。

3. 语文美育的研究重点突出人文

语文美育在实践中注重挖掘语文教学内容的价值观，特别是在教材课文教学过程中更多关注从作者创作意图、时代背景、作品主题内涵等角度展开对美育内涵的解读，以唤起学生的情感共鸣为突破点，从增强体验的角度体现语文美育的情感性、人文性特征，实现语文愉悦性情、启迪思想的美育功能。如语文老师善于设计情感净化、启发感悟的练习，为学生建立能够与文本、作者相互沟通的心灵通道，建设与学习伙伴思维碰撞的学习情境，营造和谐、自主、充满思想交锋的互动交流气氛，关注学生的思维方式与思维过程，关注学生对生活、自然、社会的观察与认识、判断与分析，思考与选择，鼓励学生有个性、有创意地表达自己的观点，不断提升学生的文化品位及人文素养。

我国初中语文教学美育研究所取得的实践性结果，也存在一定局限性，主要体现在三个方面：

第一，语文美育的研究内容相对单一。大多数的研究都只是从宏观的角度对语文教学中渗透审美教育的必要性与重要性进行阐述，缺乏对语文审美教育具体实践路径的开发与研究。

第二，语文美育的研究视角相对独立。主要是板块式的专题教学研究，大多集中在阅读、写作等专题教学中，缺乏对教材编写理念在美育方面落实策略的整体性研究。结合当前美育教育现状可知，积极建设初中语文审美教学体系很有必要。

第三，对语文美育内涵的理解相对浅显。分析当前语文教学对美育教育研究的现状可知，对语文教材中文学之美的理解比较浅显，更多集中于对文章用词、语气、句意、主旨等语文知识的理解，而对于蕴含在文学作品中美育元素的挖掘及如何应用于生活实践等问题，还需要有更深层次的研究。

三、正确认知语文学科“以美育美”教学理念

在语文教学中，对语文学科形成“以美育美”理念的正确认知，是对部编本语文教材编写理念的扎实落实。正确认知语文学科“以美育美”教学理念，主要体现于对语文学科具有“以美育美”教育功能的理解。

语文学科“以美育美”教育功能的体现，首先是蕴含在古今中外的文学作品中，这是语文学科得天独厚的教育资源。阅读，是学生成长中巨大的精神财富，对于培育学生的世界观、价值观、人生观具有重要作用，可以在阅读体验中，不断提升学生审美选择和审美鉴赏的能力，促进品格形成、情感熏陶、心灵净化，还可以促进素养水平提升、拓宽思路、增长才干。

培养审美感受力，是语文学科“以美育美”教育功能的具体体现。语文教材中的审美形象涉及领域广泛，人物、景物、事物、情感等审美要素蕴含在对社会美、性情美、自然美、艺术美的感受与体验中，以加强对生活美的鉴赏、分辨、判断和领悟，树立健康有益的审美情趣、审美标准和审美理念。

鼓励创造力，也是语文学科“以美育美”教育功能的具体体现。生活中蕴含着丰富多彩的美学内容，只有能够感受美，才能进一步产生尊重美、创造美的意识。所以，在语文教学中培养对美的尊重意识和创造力，也是生活中对美的理解与追求。

第二节　深刻理解语文教学“以美育美”的核心概念

问题描述

在教学实践中存在着把语文教学的核心简单理解为就是加强语文知识学习的现象，因此，在教学中，如果语文知识的学习时间充裕，就把美育教育等相关的文化内容融入知识学习的过程；如果学习时间紧张，就主要以语文知识的学习为主。

原因阐释

在中国学生发展核心素养的文化基础人文底蕴这一部分，明确提出人文积淀、人文情怀和审美情趣等基本要点。这就说明“美育”在语文教学中并非可有可无，而要贯穿于教与学的全过程，在教学中以语文学科的语言文字之美引导学生链接生活，发现美、感悟美、创造美，完善对学生的人格教育和心灵培育。之所以在教学实践中，会有观点认为如果学习时间紧张，也可以少顾及“美育”教育等相关内容，主要是因为对“工具性与人文性的统一”这一语文课程基本特点的理解有所窄化和单一。其实，学生的全面发展教育是离不开美育的。无论是生活美、自然美还是社会美，无论是物质文明之美还是精神文明之美，都孕育在语言文字之中。可见，在语文教学中实施“以美育美”教育，可以增强美育教育的直观性，这对学生的成长能起到润物无声的效果。

建议解析与案例分享

理解语文教材“以美育美”的教学效果，就必须要从理性上认识“以美育美”语文教学核心概念的内涵、特点及理论基础，以对挖掘教材之美的育人价值起到理论保障作用。

一、“以美育美”语文教学概念内涵解析

“以美育美”语文教学，首先是一种育人理念，是一种以美学和审美教育理论为指导，以培养学生的审美创造能力和审美心理结构为教育目标，通过“语文”的学科之美对学生初步形成人生观、世界观、价值观产生积极影响的教育思想。“以美育美”语文教学，还是一种有组织、有目的的定向教育教学方式，即：以语文教材中各种美的元素为介质，通过听、说、读、写的言语实践活动，引导学生感受美、理解美、鉴赏美、创造美，从而潜移默化地塑造和优化学生的心理结构、培养健康的审美力、铸造完美性情，促进学生综合素养的全面发展。“以美育美”语文教学是以语文学科之美培育思想、浸润心灵的教与学过程。

二、“以美育美”语文教学特点解析

（一）生活性

生活中不是缺少美，而是缺少发现美的眼睛。一般来说，教材中的课文与生活关联密切，借助人、景、事、物、情等生活中的具体内容，学生能够体会和领悟作品中的真善美。也正因此，对初中语文“以美育美”教育功能的开掘，要立足于学生语文学科核心素养的提升，在增加语言积累、提高语文能力、形成学习方法、养成学习习惯的过程中，教师应引领学生发现生活之美，理解美之内涵，学会欣赏生活中的美好，创造美好的生活。

（二）形象性

形象性是语文教学开掘“以美育美”教育功能的重要特点之一。由语言所构成的文学形象，一般情况下表现的都是具体可感的生活图景。只有通过全方位把握，才能指导学生进行审美想象，勾勒出作品中各类美的形象，并走进形象内部进行审美感知，以强烈的思想共鸣熏陶情感，获得更多美的感受。

（三）情感性

语文审美情感的教育与德育、智育、体育、劳动教育等内容联系紧密，主要体现在两个方面。其一是审美主体的情感性。欣赏文学作品，学生会全身心沉浸于与作品、作者的交流，并以此触发内心或思想上的强烈情感震动，并在情感与心灵的共振中生发出真正意义上的欣赏，以情动人，陶冶性情。其二是审美客体的情感性。语文审美客体的情感性主要体现于蕴藏在作品之中或艺术形象背后的情感波澜。“文章不是无情物”，作品中的艺术形象美、文章结构美、语言形式美、风格情调美等审美教育内容，都饱含了作者强烈的感情。因此，这些蕴含在课文中的丰富情感便成为语文教学“以美育美”的重要依据，在与作品产生共情的同时，促使学生的心灵为之陶醉，获得美的享受，得到自由、和谐的发展。

（四）情境性

依据语文学习特点，创设鉴别美、感受美、欣赏美、体验美、实践美、创造美的具体情境，有利于不断拓宽学生语文学习的视野，增强审美感染力度，引起学生积极的态度体验，发展思考能力，提高鉴赏能力，以语文审美素养的提升促进学生综合素养的持续发展。语文教学以美育美学习情境的设置，是语文学习过程的重要组成部分，是沟通语文学习内容和学生心灵的具体环境，有助于拨动学生情感的心弦，促使学生不断形成更高层次的审美追求。

（五）差异性

同一审美对象在不同审美者的视角里，有着不同的感受，对于同一审美对象的反映深刻与否，强烈与否，往往会出现明显的差异；同一个人面对同一审美对象，在不同时间、地点等条件下，也会出现完全不同的审美感受。这就决定了语文教学“以美育美”的过程具有差异性，需要充分挖掘客观美存在的多元化特点，以增强审美者心理、实践等切身体验，激发学生个性化审美感受，促使语文教学“以美育美”的熏陶和启迪发挥最大影响力。

（六）交融性

放眼未来，语文学科的发展一定是在更加宽广的领域里，体现多学科之间的互助与融合，而不是在单一轨道上独立发展。对于语文教学“以美育美”的过程性研究，既要融合教育学、美学的研究成果，又要体现与自然科学、社会科学的融合性研究。当然，这种融合绝不是语文知识与其他学科学习内容的简单相加和机械组合，而是需要以跨界交融的理念，注重语文学科和其他学科之间的关联，深入多元学科彼此互融所生发出来的美育元素，从而丰富学生语文的审美理解，形成复合型审美意识，增强审美感悟能力，以深度激发语文教学“以美育美”教育功能的生机与活力。

三、“以美育美”语文教学研究理论解析

（一）接受美学论

接受美学论产生于 20 世纪 60 年代中期，首倡者是联邦德国的汉斯·罗伯特·尧斯，他的《文学史作为文学科学的挑战》是接受美学成为独立学派的宣言。其主要观点是：作品的教育功能和娱乐功能要在读者阅读中实现。读者在此过程中是主动的，是推动文学创作的动力；文学的接受活动，不仅受作品的性质制约，也受读者制约。接受美学反对孤立、片面、机械地研究文学艺术，强调文学作品的社会效果，重视读者的积极参与。这一理论对理解“以美育美”核心概念的积极作用是：引导学生提高文学作品的阅读质量，在积极主动的思维和情感活动中加深理解和体验。即：在阅读过程中突出学生的主体性，启发学生有所感悟和思考，受到情感熏陶，获得思想启迪，享受审美乐趣。

（二）活动教育理论

从教育学角度看，活动是促进人全面发展的重要途径。活动教育理论最有影响力的人物首推美国实用主义学者杜威。杜威主张把儿童的本能、兴趣与需要作为教学的出发点，提倡“活动经验课程”，以参加现实生活为媒介，强调活动在知识技能内化过程中的作用，让儿童在活动中学习，活学活用。这

一理论对实践语文教材“以美育美”研究的重要作用是:指导建立起语文审美教学与生活审美之间的关联,密切学生与生活和社会的联系,满足学生多方面的发展需要,从而促进学生综合实践能力、探究能力的提高,并增强他们的社会责任感。

(三)学习动机理论

人本主义心理学家把教育看作是发展人类内在潜力的过程。学习动机是指推动学生进行学习的一种驱动力,是激励和指引学生进行学习的一种需要,是学生学习行为的直接支配力量。人本主义心理学家马斯洛提出需要层次理论,他认为人的动机来源于人的需要,他将人的基本需要分为七个层次,主要包括缺失需要和成长需要两类,当缺失需要得到满足时,学生的成长动机就会被激发,从而产生更深层次的成长需要。这一理论主要是用来指导语文审美教育改变单一说教形式,从激发学生审美需求的角度,重视审美体验过程,促进学生审美意识和审美习惯的形成与发展。

(四)建构主义学习理论

建构主义以学习为基础,认为学习过程不是一个被动接收信息的过程,而是在新旧经验交替过程中以及主客体之间相互作用下学习者积极主动地建构自己知识的过程。建构主义强调学习的情境性,注重为学生创设有意义的学习情境,引导学生在情境中根据已有的经验理解新知,构建自己对问题的理解。这一理论主要是用来指导建立起符合学生个体发展的语文审美教学体系,从而不断优化学生语文审美活动的教育教学环境。

第三节　厘清语文教材“以美育美”资源的主要类型

问题描述

教学实践中，老师们在教参指导下备课上课，设置的问题常常是有统一的答案，学生认真记录是课堂笔记的主要内容之一。对于语文教材中“以美育美”资源的理解，对以美育美教学资源的挖掘，对这些教学资源怎样与语文知识相配合，以引导学生在语文教材中感受美、欣赏美，受到审美教育等问题，有进一步加强深入研究的需求，也很需要教学实践的引领。

原因阐释

对于语文教材中“以美育美”资源的挖掘，大家存在进一步加强研究与实践的需求，实际上是源于加强教材文本美学特点研究的需要。在教学中，加强“以美育美”教学资源的公共研究，有助于对语文学科“以美育美”教学策略的研究，也有助于教师把自己的已有审美教学经验与“部编本”语文教材结合起来，更加有效地发挥语文教材以美育美教育教学的积极作用。

建议解析与案例分享

“文质兼美”是“部编本”语文教材课文选篇所强调的一个重要标准。文美，指的是文章在形式方面所具有的文辞、章法、艺术等特点；质美，指的是文章内容在选材及内涵等方面所具有的特点。根据“部编本”语文教材“文质兼美”的选文特点，可以把教材的美育元素分为“内容之美”和“艺术之美”两个部分。其中“内容之美”，按照人、事、景、情、理的选材特点，可以主要分为人物美、自然美、情感美、事理美等类型;"艺术之美"主要包括文章构思方面的特点,可以分为文辞美、结构美、意境美等类型。在教学中,我们也要善于挖掘文学跨界融合所表现出来的融合美,例如,音乐美、绘画美、雕塑美、工艺美、建筑美、科学美等。

根据"部编本"语文教材双线组元编写框架及体例结构,我们要注重从内容和艺术两个方面分析蕴含在单元课文中主要的美育元素,以加强语文教学过程中以美育美教学环节的设计。下面所交流的"部编本"语文教材双线组元说明表(表5-1),也可以作为以美育美语文教学研究的基础,在此基础上可以加强对如何体现语文教材课文中内容之美与艺术之美的研究。

表5-1 初中语文教材双线组元说明表

		第一单元	第二单元	第三单元	第四单元	第五单元	第六单元
七年级上册	人文主题	四季美景	至爱亲情	学习生活	人生之舟	动物与人	想象之翼
	语文要素	朗读,体会语言之美,品味精彩语句	朗读,体会思想情感,把握作者的情感	默读,一气呵成,梳理文章的主要内容	默读,圈点勾画,理清作者的思路	默读,摘录,积累,概括文章的中心	默读,快速阅读,理解联想和想象
七年级下册	人文主题	群星闪耀	家国情怀	凡人小事	修身正己	哲理之思	科幻探险
	语文要素	精读,字斟句酌,把握人物特征,理解人物情感	精读,学做批注,学习主要抒情方式	精读,熟读精思,掌握叙事角度,分清详略	略读,确定阅读重点,对内容和表达有自己的心得	比较阅读,学习主要描写方法	浏览,提取主要信息,对内容和表达有所思考和质疑
八年级上册	人文主题	社会发展	生活记忆	山川之美	情感哲思	文明印迹	情操理趣
	语文要素	把握新闻各类体裁特点,获取主要信息,体会作者的态度倾向	把握传记、回忆性散文的特点,学习刻画人物的方法,对人物和事件有自己的判断	感受山川风物之美,积累常见文言实词	把握不同类型散文的共性和个性。注重朗读,体会作者对生活的感受与发现	把握说明对象的特征,学习说明方法;揣摩说明语言,增强思维的条理性和严谨性	借助注释和工具书了解内容大意,积累常见文言虚词和名言警句

（续表）

		第一单元	第二单元	第三单元	第四单元	第五单元	第六单元
八年级下册	人文主题	民风民俗	科技之光	怡情养性	思想光芒	江山多娇	情趣理趣
	语文要素	了解民俗的价值和意义，学会多种表达方式的综合运用	理清说明顺序，筛选主要信息，读懂文章说明的事理；质疑问难，学习科学探究的方法，领悟科学精神	借助注释和工具书读懂课文，领会诗文的丰富内涵，品味精美的语言，积累常用文言词语	把握演讲的特点，领悟作者的思想，获取有益的启示学写演讲词，尝试当众演讲	了解游记的特点，把握作者的游踪、写景的角度，学习触景生情、借景抒情、情景交融等写法，揣摩和品味语言	培养文言语感；注意积累常用文言词语和句式，欣赏课文中精彩的语句
九年级上册	人文主题	自然之音	砥砺思想	游目骋怀	青春年少	理想信念	人物百态
	语文要素	涵咏品味，把握诗歌意蕴，体会诗歌艺术魅力，尝试诗歌创作，学习朗诵技巧，把握诗歌感情基调，读出感情和韵律	了解议论性文章特点，把握作者观点，理清论证思路，学习论证方法	在理解课文内容基础上熟读成诵，积累、掌握文言实词和名言警句，体会文言虚词的作用	梳理小说情节，从不同角度分析人物形象，结合生活体验，理解小说主题	把握作者的观点，理解观点和材料之间的联系，掌握论证的方法；养成独立思考的习惯	抓住小说主要线索，梳理故事情节；把握人物形象，了解古代白话小说的艺术特点
九年级下册	人文主题	生活咏叹	人物画廊	选择与坚守	读书鉴赏	舞台人生	责任与担当
	语文要素	反复朗读、感受诗歌韵律，进一步把握诗歌意象，体会诗人情感，理解诗中蕴含的哲理	对作品的内容、主题有自己的看法，理解小说的社会意义。学习欣赏小说语言，了解小说多样化风格	把握意蕴，领悟作者思想感情，能够运用历史眼光审视作品的当代意义。在诵读中增强文言语感，积累常见文言词语	了解作者的观点，学习思辨的方法；有自己的见解；学习文艺鉴赏方法并迁移运用	阅读剧本，把握戏剧冲突，理解人物形象，品味戏剧台词，思考如何把自己对剧本的感受与理解在舞台上表现出来	熟读成诵，并摘抄精彩句段。注意回顾学过的文言文，积累常见的文言词语，理解词语古今意义的差异

分析上表可知，内容之美和艺术之美是蕴含在教材单元课文人文主题与语文要素之中的，而融合之美也是我们在教学中要重点挖掘的美育要素。挖掘蕴含在教材中的美育内容，体现了“部编本”语文教材“立意高”，“重视社会主义核心价值观”，“立德树人，指导思想明确”等编写意图。教育的根本任务是立德树人，这个“德”，包括了道德、理想、情操等诸多方面的内涵，而这些内

涵也正是美育教育的重要内容。由此可见,初中语文教材蕴含着丰富的美育资源,在教学中落实"以美育美"育人理念,就要更多思考如何以审美教育理论为指导,以培养学生审美、创造美的心理结构为直接目标,以塑造全面发展的良好性格为发展性目标,充分挖掘教材中人物美、自然美、情感美、事理美、文辞美、结构美、意境美、融合美等丰富的美育元素,优化体现语文学科的人文性特点,以语文美形成美育育人的教育形态,在潜移默化中体现对学生审美价值观的内化,引领学生对于正确与错误、美好与丑恶等做出价值评判、选择,领悟人与自然、人与自我、人与他人、人与社会和谐相处之道,为学生的成长奠定扎实的基础。

第四节　制定“以美育美”语文教材的资源开发策略

问题描述

对于统编初中语文教材“以美育美”资源的开发，确实还有很多实际问题需要研究。例如，课堂实践中，哪些“以美育美”的教学环节具有实际意义的审美价值？怎样有效进行系统完善的语文审美教育教学体系建设？怎样才能在语文教学中，最大程度发挥审美教育思想的积极影响作用？这些都是需要研究的重要问题。

原因阐释

分析对教材“以美育美”教学资源开发缺乏深入研究的根本原因，还是在于传统教学机制的问题。多年来，评价语文学习效果，重知识积累、轻情感美育，教参成为单一性备课指导资料，书后练习成为单一性练习内容等现象依然存在。教学中若想解决语文教材“以美育美”实践操作方面所碰到的困难，就要针对“以美育美”教材资源的开发策略进行深入研究，将教材美育元素有机地渗透于教学过程，改变传统教学方法的束缚，优化教学手段，突破教学局限。

建议解析与案例分享

根据统编初中语文教材课文的文体特点，可以把课文从整体上分为文学类文本和实用类文本两类来进行“以美育美”资源开发，以充分发挥语文学科“以美启真，以真育善”的作用。具体阐述如下：

一、文学类文本

（一）以“散文之美”育学生心怀

散文“形散而神不散”的创作风格集中体现于作者蕴含在记人叙事、状物摹景之中的抒情述怀与体验感悟。对于散文教学育人价值的挖掘，可以从如何体会自然美、哲理美、文辞美、结构美等方面来进行深入探索。

1. 抓住“景物描写”，感悟从自然美中生发出来的理性思考

散文中的自然美，表现形式多种多样。例如，游记散文中的风景，大多渗透了作者多彩的人生；叙事散文中的景物一般承载着作者的生活背景；抒情散文大多是寓景于情；哲理散文，大多寓景于理。抓住“景物描写”来感悟从自然美中生发出来的多元化思考，旨在培养学生“因景生情”的思维方式，以怡悦自我情怀。

2. 抓住“咏物述志”，挖掘从“思辨求实”中升华出来的理趣启迪

在散文蕴涵的美育元素之中，体会理性美应该是教学的重要内容之一。散文的“理”，大多是作者在情感澎湃之后的凝思。因此，阅读时要注重分析文章正确、新颖、独创、深刻的思想意蕴。例如，阅读《醉翁亭记》，一定要分析欧阳修“醉翁之意不在酒，在乎山水之间也”的真正含义；阅读《白杨礼赞》，一定要体悟作者茅盾赞美像白杨树一样的人目的意义。抓住散文中的“咏物述志”，有助于引导学生理解散文中的科学之理、哲学之理、生活之理，体会科学之理求真实，哲学之理求思辨，生活之理求美好，即：散文阅读是培养学生在“思辨求实”中获得理趣启迪的重要路径。其中，“情趣”是蕴含哲理的基础，情趣因哲理而升华为一种高级的审美体验，哲理思考再外化为具体的情绪体验，从而体现出审美思维的发展。

3. 抓住“语言特点”，品析从“文辞美”中表达出来的无穷韵味

文辞美是体现散文美的一个重要方面。优美的散文语言，常常会带领读者感受到如饮香茗般无穷的韵味。不同的文章，语言上各具特色，或简洁晓

畅或凝练含蓄，或朴素自然或形象生动，或亲切感人或意境深远，等等。每一种语言风格都是通过词语、修辞、语气、节奏等方面的特点来尽显文章字里行间的文辞美。散文语言美育功能的发挥，也主要集中于语言文字和语体形式两个方面。例如，朱自清的散文《背影》，没有使用任何华丽的辞藻或修辞，却以自身质朴平淡的语言风格，把父亲送他到浦口火车站，照料他上车，并替他买橘子的各种情形与情感汇聚在一起，看似是不经雕琢，却处处饱含着深情，情真意切。散文中娓娓道来的语言文字，其实都是艺术对生活的反映，对学生的感染也就蕴含在字里行间。

4. 抓住“情感脉络”，梳理从“结构美”中流淌出来的饱满情感

文学的动人之处往往在于感情，散文更是注重抒情。散文中的真情实感是文学美非常突出的一个特点。散文所要表现的情感美，一定要具备审美属性的必要条件“真善美”。教学实践中，学生可以通过对文本情感语句的圈点勾画、绘制思维导图、写读后感等方式，理解作品的感情基调，走进作者丰富的内心世界，探析情感变化，与作者在情感共鸣中自觉接受审美熏陶。

（二）以“诗歌之美”育学生情志

诗歌是语言的艺术，诗歌用精练的语言和新颖的意象来表达情意，例如，余光中的《乡愁》，用邮票、船票、坟墓、海峡等一系列意象，概括了诗人漫长的生活历程，烘托出诗人对祖国的绵绵怀念。再如，李白在《行路难 其一》中，以诗句“长风破浪会有时，直挂云帆济沧海”表达了作者准备冲破一切阻力，去施展自己抱负的豪迈气概和乐观精神。诗歌作品，一般都凝聚着作者的理想和情思，而以“诗歌之美”育学生情志，加强诵读是实效性很强的一条实践路径，有助于学生感知诗歌意象，品味诗歌意境美，学习用诗化的语言来表达思想感情，最大限度地感悟生活之美。

1. 体会结构美，沟通情感

加强诵读，体会结构美，主要是指通过对诗歌韵脚、平仄、语调、停顿等方

面的变化，感受诗歌语言、结构等方面的韵律美，体会“诗源于歌，歌与乐相伴有音乐节奏美”的特点，从而把握诗歌中流淌的情绪，或婉转细腻，或顿挫沉郁，或思想激昂豪放等，与作者心灵实现息息相通。

2.品味意境美，情感共鸣

诗歌赏析，重点在于体会诗歌的意境美，即从诗歌中的事、物、情等方面入手，体会诗人所表达的景象与情感的渗透，感悟诗人在事件意境、物象意境、情感意境中所抒发的思想感情或表明的道理，深入诗歌精髓，体会诗歌内涵。

3.体验事理美，升华情感

体会诗歌的事理美，其实践重点是激情的表达。因此，在方法运用方面，可以借鉴课内所学，组织开展诗歌创作活动，并且始终要引导学生思考问题：“作者表达出自己的真情实感了吗？”“对于自己的情感，作者是怎样表达出来的？”这样的问题设计其核心要义旨在引导学生体会中诗歌所蕴含的事理美。“创作”与“美读”是体验诗歌之美的主要学习方式，其特点是注重引导学生学会选取意象，讲究挖掘意象的韵外之致。即：通过丰富的联想和想象，赋予选取意象以生命力，书写哲理与情怀，使笔下的文字创作成为有情之物，产生“言有尽而意无穷”的审美效果。

（三）以“故事之美”育学生性情

小说、写人记事类的记叙文等文体，共同特点都是有相对完整的故事情节、具体环境场面的描写，以塑造人物形象为中心，广泛而深刻地反映自我生活、社会生活。对于小说、写人记事类的记叙文，其育人功能的实践，也要遵循对情节、环境、人物的审美鉴赏而展开。

1.抓住人物，提升思想道德与品行的素养

人物形象是小说及写人叙事类文章的核心，“人物鉴赏”，意在通过对小说中人物的赏析，进一步理解作品内容，体会文学作品塑造人物的特点：对于这些作品中的人物，作者不是简单地表达赞美或批判，而是按照生活的本貌，真实地展现人物的真实性与情感的丰富性。因此，抓住人物进行审美赏析，其实是从生活的真实性、普遍意义、影响力等方面对人物做出更加立体、多侧面、客观的审美评价,从而受到人物更深层次的启发,以实现对于人性“真善美”的感悟。

2. 抓住情节,提升剖析事理与思考领悟的能力

故事情节是小说及写人叙事类文章很重要的要素。抓住情节进行美学要素分析,主要指的是关注故事的开端、发展、高潮、结局等结构安排。抓住情节,必然要厘清故事发展的前因后果,强调对故事起承转合的分析,注重引导学生体会对小说情节“偶然中蕴含着必然”的理解,引发学生对“生活态度”的深刻思考。

3. 抓住环境,提升观察生活与抉择的能力

环境是人物赖以生存的必要条件,小说及写人叙事类文章中的环境描写与散文中的环境描写有所不同:散文中的风景基本真实,其作用一般也是为更加突出地表达作者内心的情怀。小说及写人叙事类文章中的环境描写更多时候会在渲染气氛、交代事件发生背景、烘托人物形象、推动情节发展、深化主题等方面有独特的作用。因此,对于小说及写人叙事类文章“环境描写”的理解,一定要建立在与生活密切相关的基础上,这就需要教师注重培养学生敏锐观察生活并攫取相关信息的能力。

(四)以“戏剧之美”育学生情操

初中语文教学对于戏剧文学的学习,基本目标是初步了解戏剧文学。文学上的戏剧概念是指为戏剧表演所创作的脚本,即剧本。剧本是戏剧艺术创作的文本基础。初中学生对于剧本的了解首先要立足于对戏剧文学的审美感知。

1. 基于对“潜台词”的理解,提升思维深度

基于“潜台词”理解的戏剧文学学习,主要是围绕理解人物台词的真正含义而展开,即对言外之意、弦外之音的准确理解。鉴赏路径开发的主渠道是设计主题鉴赏活动。例如,理解“潜台词”中的“话中意”;挖掘“潜台词”背后的故事;“我是编剧,听我直接说”,等等。这些语文活动的出发点都要立足于对戏剧文

学含蓄蕴藉而又具有丰富表现力的语言特点的品味，体会其"言在此而意在彼""弦外之音"的表达效果，从而体验深度理解内涵的美育教育思维过程。

2. 基于对"个性化语言"的理解，体验多元人生

剧本的全部内容，基本是通过人物语言表现出来的。基于"个性化语言"的深入理解，是戏剧文学鉴赏路径开发的直接切入点，通过对语言的理解，增强对剧本中人物年龄、性别、职业、地位、情趣等方面的准确品析，从而加强对人物感情充沛性及内心世界丰富性的理解，感受人物灵魂，体味百态人生，给予自我成长过程以丰富的营养。

3. 基于对"戏剧冲突"的理解，提升思辨能力

"戏剧冲突"是指表现人与人之间矛盾关系和人的内心矛盾的特殊艺术形式。从戏剧冲突中可以带出人物的性格与剧本的立意。基于对"戏剧冲突"理解的戏剧文学阅读活动，可以通过开展剧本改编、冲突表演、为矛盾冲突写说明书、为表现冲突配置背景音乐、配备道具、为重点剧情写宣传海报等活动，充分发挥"体验式阅读"的作用，引导学生在戏剧阅读中找准矛盾冲突，体会"没有冲突就没有戏；矛盾越尖锐，才会越有戏"的文学性特点，从而学会从思辨的角度思考如何深入理解戏剧内涵的方法，在潜移默化中丰富自己的心灵，促进学生人文素养的全面提高，更好地适应社会，促进自我成长。

二、实用类文本阅读

实用类文本的内容一般具有丰富知识积累，思考现实生活等特点，具有简洁易懂、时代鲜明、实用性强等特点。初中语文教材中的实用类文本，主要包括说明性文章、议论性文章、应用类文章、新闻类文章。实用类文本中，也蕴含了丰富的美育教育资源。例如，课文《苏州园林》里强调的"四个讲究"，表现出苏州园林图画美的客观性，同时也向学生展现了设计师与建筑者严谨、用心的态度。再如课文《中国的石拱桥》，作者在介绍石拱桥形式优美、结构坚固、历史悠久等特点的同时，也对中国劳动人民的智慧与勤劳，以及对石

拱桥技术不断创新探索的精神做了详细的说明。挖掘实用类文本教学的美育元素，关键在于能够将科学性比较强或客观反映社会生活的相关内容，转化为审美对象，将整个阅读过程转化为审美欣赏、审美表现和审美创造，从内容上主要体现为对事理美的鉴赏，从形式上主要体现为对文辞美、结构美的理解，从促进思维发展方面主要体现为对融合美的感受。我们可以从以下三个方面进行具体挖掘：

（一）深入挖掘蕴含在内容中的事理美

不论是科普文还是知识小品文，其阅读目的是想请读者了解某一问题的真实性、科学性，或是能够针对某一问题产生讨论，形成观点上的碰撞、交流。而这样的思维活动，其阅读价值不仅仅局限于对科学知识的普及或是思想观点的交流，也蕴含在对文本深刻事理的深度理解。结合“部编本”教材，举例分析如下：

表 5—2　“部编本”初中语文教材实用类文本事理美举例说明表

年级分册	课文题目	作者	人文（事理美育）要素
七年级上册	《诫子书》	诸葛亮	以“以俭养德，以静求学，以学广才”的主张，来体会生活万事都存在着逻辑关系的事理
七年级下册	《最苦与最乐》	梁启超	以“明确作者观点，理清内容安排的结构脉络”，来促进对人生苦乐辩证关系的理解，初步形成尽责的人生观及生活中的辩证思维
八年级上册	《梦回繁华》	毛宁	以“明确说明对象的特征，说明方法的运用、说明语言的特点”来理解文章的主要内容，从而提升欣赏美、鉴赏美的审美能力，初步启发形成创造美的意识
八年级下册	《我一生中的重要抉择》	王选	以“了解观点，梳理演讲思路，感受语言特点”，来领会“把自己融合在集体中，才能最终体现自我价值”的内涵，初步形成正确的选择观
九年级上册	《怀疑与学问》	顾颉刚	以“理解分析本文提出论点及进行论证的方法”，来促进质疑思维品质的形成，树立科学创新的意识
九年级下册	《谈读书》	弗朗西斯·培根	以“学习善用多练说理方法”，来理解读书的价值，树立正确的读书观

实用类文本说明事理的一个普遍特点是将抽象的客观生活及客观事物通过文字形式进行具体说明、阐释。这些事理一般都是要通过发现、挖掘与逐渐理解、体会、运用的过程，以真实的审美感受推动审美意识、审美思维的形成与发展，体现实用类文本具体的审美价值。

（二）深切体会语言艺术的文辞美

实用类文本一般情况下会是生活中不能缺少的普及性读物。因此，在阅读时常常会被误解为语言多简单平实、说理多空洞乏味。叶圣陶曾说过："说明文不一定就是板起面孔来说话，说明文未尝不可带一点风趣。"其实，实用类文本的文辞兼顾了科学的严谨美和生动的形象美。例如，《苏州园林》中这样写道："我国的建筑，从古代的宫殿到近代的一般住房，绝大部分是对称的，左边怎么样，右边也怎么样。苏州园林可绝不讲究对称，好像故意避免似的。东边有了一个亭子或者一道回廊，西边决不会来一个同样的亭子或者一道同样的回廊。这是为什么？我想，用图画来比方，对称的建筑是图案画，不是美术画，而园林是美术画，美术画要求自然之趣，是不讲究对称的。"这段话运用了做比较、打比方的说明方法，运用了设问、比喻的修辞方法，非常具体生动地说明了苏州园林讲究"自然之趣"的特点。就算从来没有去过苏州园林，也能从作者的文辞中对园林的整体面貌有所了解。因此，阅读实用类文本，必须要深切体会语言艺术的文辞美，才能学会如何把比较陌生的事物、深奥难解的事理用比较通俗而又生动的语言展现出来，使文章更加生动有趣、亲切灵动。这也说明了实用类文本在语言方面对学生的审美熏陶，意在培养学生"化抽象为通俗"的能力与技法。

（三）深度厘清精妙排置的结构美

一般来说，实用类文本或采用说明的方式介绍事物，或采用议论的方式阐明观点。每一个事物都具有多元性的特征，不可能面面俱到。所以介绍或阐述时，一般都要择其表达中心内容的关键处，一线串联其他若干内容。实用类文本借助说明方法、论证方法的恰切使用，来科学安排说明顺序或理清论证关系，表现出精妙布局的结构美。例如，《大自然的语言》，作者竺可桢把决定物候现象来临的四个因素按照影响程度，由大到小，依次排列。首先是纬度，第二个因素是经度的差异，第三个因素是高下的差异，此外，还有古今的差异。前三者是空间因素，最后一个则是时间因素。这样的结构排置使文章既条理清晰，又符合人们的认知规律。

理解实用类文本的结构美，对于学生形成严密的逻辑思维及辩证的生活态度都具有积极的影响意义。典范的议论文，一般都会在完善严谨的结构安排中体现思维的运动。例如，《鱼我所欲也》清晰的观点、鲜明的对比、典型的事例都反映了结构精妙的特点，把“保持善良本性”“加强修养”等道理论述得深入浅出，对于学生形成并发展批判性思维，尽显其美育价值，具有积极的促进作用。

（四）深入研究材料安排的融合美

实用类文本题材的多元化特点为语文学习创设了开放的环境，打通了语文学习与数学、化学、物理、音乐、美术等其他学科的互融互通，建立了与更多学科内容交叉、交错的密切关联，形成了“语文＋”的学习场域，感受、理解并学会创造生活中的音乐美、绘画美、雕塑美、工艺美、建筑美、科学美等。例如《恐龙无处不在》一文，涉及了生物学、地理学的相关知识；《一着惊海天——目击我国航母舰载战斗机首架次成功着舰》一文，建立了语文与科技事业发展的关系；《谈创造性思维》一文，在语文与数学的关联中发表观点，阐明事理。我们要善于从实用类文本中准确判断语文与其他学科之间的融通连接点，巧妙融入其他相关学科资源。生活本身是一种基于多元、多维发现的观照与选择，具有多重碰撞、多向可能的特点，引领学生理解学习与生活紧密相连的关系，从而使其形成“关联思维”。

第五节　探索统编语文教材“以美育美”的实践路径

问题描述

在教学实践中，语文学科的审美教育功能有时候依然会存在“理念讲解时重要、教学设计时次要、实践过程中可要可不要”的现象。而且，还有一种现象也不容忽视，美育教育与语文教材内容是两个独立板块，缺乏紧密联系。阅读教学的任务仅是单纯完成对字词句篇段的阅读，主要任务是顺利进行完整阅读，而把审美教育作为另一条独立的学习线索，其审美元素的挖掘脱离教材文本另起炉灶，这就形成了对美育教育在语文教学中的生硬实施，而不能体现出与教材的自然融合。

原因阐释

分析当前语文审美教育存在的主要问题，一方面是更加关注对阅读知识的吸收与运用，而忽略了对学生审美能力的培养；另一方面是面对现代社会的大量信息，更加注重短、平、快的阅读效果，这也造成审美过程的简单化。分析教师教学现状，对语文教材“以美育美”的教学实施，也体现了与时代发展的紧密相连，所以教师必须要及时更新理念，以适应教学发展的需求。

建议解析与案例分享

在语文教学中，如何用好教材中的美育要素，有效实施“以美育美”的教育功能，加强学生的审美素养提升，有明确的美育目标是关键，此外还应注重提升教师对挖掘教材美育元素的敏锐度和灵活运用的意识。

一、“以美育美”语文教材教学研究主要实践路径分析

（一）立足诵读感悟，创设“以美育美”学习情境

在具体的课堂教学活动中，首先应当引导学生将注意力聚焦到审美对象上，以引起学生的审美关注，为深入理解做好充分准备。教学实践证明，诵读是能够引起审美关注的一个便捷方式，具有实用性特点。通过诵读，可以领会蕴含在不同作品语言风格中的美。例如，诵读李清照的《渔家傲》，感受婉约细腻之美，诵读苏轼的《江城子·密州出猎》，感受粗犷豪放之美；诵读《邹忌讽齐王纳谏》，感受委婉说服之美，诵读马南邨的《不求甚解》，感受析理引人深思之美；诵读艾青的《我爱这土地》，感受情感真挚深沉之美，诵读林徽因的《你是人间的四月天》，感受表达巧妙之美；诵读朱自清的《背影》，感受真实质朴之美，诵读茅盾的《白杨礼赞》，感受直抒胸臆之美；诵读鲁迅的《孔乙己》，感受沉郁警醒之美，诵读阿来的《一滴水经过丽江》，感受诗意抒情之美……语言美是语文美的外在表现，也是学生感受语文之美最直接的载体。然而，语言美不是单纯意义上的辞藻美、节奏美、语气美等，由不同语言风格所构成的恰当表达、真实情境设置、辩证逻辑思考、对亲情至美生活的展现等都是培育学生体味美，进一步发展审美思维的有效路径。

诵读，是语文教学实施“以美育美”育人思想所经历的一个从审美反映到审美创造的完整过程。宽泛一点来说，教学实践中的朗读、美读、演讲、剧本表演等活动，都是以诵读为基础的审美教育过程，既强化了语感，提升了审美鉴赏力和审美创造力，又为发挥语文教学“以美育美”育人功能，带来不同的审美方式和审美体验，进一步促进了学生完善其人格品质、素质修养的形成与提高。

（二）立足文本细读，理解“以美育美”育人内涵

挖掘语文教材“以美育美”的教育功能，本质上是从形象与直觉的视角，把感性审美教育转化为理性审美教育的过程。因此，立足文本细读，理解“以

美育美”的育人内涵，首先要求教师要引导学生关注自己在阅读文本时产生的直接审美感受，以学生个体的认知为审美教育契机，从经典文本的细致解读中感知作品美、欣赏文学美、创造生活美。

立足文本细读，理解“以美育美”的育人内涵，首先要注意提升透过文字或者文学意象，达到理解文本主题精髓的能力。如果说细读文本是理解语文教学“以美育美”思想内涵的基础，通过细读字、词、句的特点和篇章表达手法所产生的共情思维和移情思维便是实施审美教育的两翼，而从作者、文本、读者的不同角度进行多元化感悟是通向审美育人功能的桥梁，独特的审美体验是语文教学实施“以美育美”育人功能的成果。

【案例一】

阅读八年级上册朱德《回忆我的母亲》一文，细读文本语句：“我是一个佃农家庭的子弟，本来是没有钱读书的。那时乡间豪绅地主的欺压，衙门差役的横蛮，逼得母亲和父亲决心节衣缩食培养出一个读书人来‘支撑门户’。我念过私塾，光绪三十一年(1905)考了科举，以后又到更远的顺庆和成都去读书。这个时候的学费都是东挪西借来的，总共用了二百多块钱，直到我后来当护国军旅长时才还清。”母亲节衣缩食培养自己读书，这是作者在字里行间对母亲所表达的深切感恩之情，与作者及文本的共鸣即是共情心理的反映。再分析内涵，母亲想着靠读书人来“支撑门户”，不受或少受“乡间豪绅地主的欺压”。从这种想法中可以看到千万穷苦人的不幸遭遇，由此可以感悟出作者把对母亲的同情已经扩展到对广大劳苦百姓的同情，把对母亲想有“支撑门户”，不受或少受“乡间豪绅地主的欺压”生活愿望的理解，扩展为对广大劳苦百姓追求美好生活情感的理解，于是在怀念母亲的字里行间，我们又梳理出作者逐步走向革命的心路历程。这样就具备了进一步通过加强感悟来形成审美认知的情感基础：支持，是一家人彼此的相互理解与相互陪伴，这是生生不息的亲情至爱；崇高，是从家庭情思走向对民族国家的一份情怀，这是保护更多亲情至爱的民族大爱。在文章的结尾，作者将对母亲的深情扩展到对广大人民、对党、对民族和国家的博大情怀。

通过文本细读，理解语文教学“以美育美”育人内涵，主要是通过对字词句篇的理解，逐步在头脑中储存审美的感性信息，经过加工整理，转化为理性认识。因此，文本细读的过程，也是将作者的情感态度和读者自我体验进行融合，不断积累审美经验，从而形成相对稳定的审美思维。

（三）立足联想拓展，开阔“以美育美”影响场域

注重引导学生通过审美联想与审美想象，把情感深入到文本内部，是初中语文教材开掘“以美育美”育人功能的一条有效路径。

【案例二】

阅读《桃花源记》一文可知，作者将奇绝的想象与现实生活融为一体，创造出理想境界的世外桃源。“缘溪行，忘路之远近”，渔人顺着溪水行船，为什么会忘记路程的远近呢？是因为看见了美丽的景致，还是遇见了热情的友人？“便舍船，从口入”，渔人离开小船，从狭小的洞口进去时产生哪些心理活动？想象的空间为桃花源增添了一层又一层神秘的面纱。当面纱被揭开的时候，平坦宽广的土地，一排排整齐的房舍，肥沃的田地、美丽的池沼、桑树竹林，还有交错相通的田间小路，欢快的鸡鸣狗吠等景象呈现在眼前，再看到耕种劳作、安适愉快的人们，文章从自然美到情感美的升华水到渠成。对这两个小问题的联想，充分调动了学生的期待心理，其意图是想把学生带进自然美景，让此情此景化为学生的“我情我景”，在欣赏自然美的同时，跳出教材领会作者描绘自然美的目的和课文的内涵，培养自己描绘自然美的能力和转化自然美的能力。

阅读文本，我们常常会发现作者真正的写作意图是“醉翁之意不在酒”，而体会“言此意彼”的内涵即是美育教育的过程。

【案例三】

阅读《秋天的怀念》，品析作者史铁生笔下那“秋风中正开得烂漫”的菊花时，可以通过拓展教学，补充菊花形态特征、生长环境、栽培方法、历史文化等方面的知识及丰富的古诗文，这样学生对于课文中“要好好儿活”坚强品格的理解自然就更加深刻，其性情的审美熏陶效果表现得自然而然。再如，《愚公移山》讲述了愚公不畏艰难，挖山不止，最终感动天帝而将山挪走的故事。阅读时，如果学生能联想今天建造穿山隧道使用的现代化机器设备及科学技术支持，就更能对中国古代劳动人民克服困难、坚持不懈的信心和毅力产生敬意，课文“以美育美”的影响作用发挥得淋漓尽致。

“自学、交流、分享”是语文教学中拓展“以美育美”积极影响作用比较常用的形式。

【案例四】

在教学七年级上册《纪念白求恩》一课时，可以组织学生在课前查阅有关白求恩的故事，然后通过故事讲述、短剧编演、老照片展示等方式，请同学们在交流中分享自己受到的强烈感染，之后再来学习课文，并完成读后感《让我们一起纪念白求恩》的写作与展示。这样由浅入深的审美过程，遵循了学生的审美认知规律，有效提升了学生的阅读思考能力。

【案例五】

阅读汪曾祺《昆明的雨》一文，可以以“一篇带多篇”的思路为教学设计切入点，开启“1＋X”阅读活动。首先可以通过“作者＋X”的角度进行拓展篇目开发，补充阅读作者的《故乡的事物》《翠湖心影》《我的家乡》等文章。也可以通过“题材＋X”的角度进行拓展篇目开发，补充阅读季羡林的《听雨》、汪国真的《雨的随想》、余光中的《听听那冷雨》。还可以通过“文体＋X”的角度进行拓展篇目开发，补充阅读老舍的散文《春风》、侯志明的散文《灯如红豆》。

实践证明，注重拓宽“以美育美”语文教学的影响场域，既可以对一个美育主题进行更深层次的挖掘，也可以对多个美育主题进行多元化宽度拓展。总之，教学中充分利用教材所提供的美育元素，并注重调动学生对美育教育的主观体验，在欣赏美的过程中感受到对情操的陶冶，对智慧的启迪。

（四）立足活动设计，增强“以美育美”实践体验

在初中语文教材中，实施“以美育美”的育人功能，不能只停留于欣赏与感悟的阶段，在实践中创造美、运用美也是重要的学习目标。为此，学习过程中要鼓励学生以实际行动去追求美、创造美。“以美育美”语文活动设计，形式自由多样，内容丰富多彩，强调积极参与和互动体验。

【案例六】

学习朱自清的《春》时，可以开展“行走在四季”主题语文实践活动，整个活动分为四个阶段：第一阶段：畅谈自然四季。请同学们自由选择代表四季的小组，“春之生机”小组、“夏之火烈”小组、“秋之风韵”小组、“冬之纯净”小组，请同学们收集图片、视频，找出最能代表季节美的景物，并配以文字说明，介绍给同学们。第二阶段：欣赏文学四季。请四个小组的同学们分别按春、夏、秋、冬的顺序，以三分钟为限说出与本组季节相关的古诗文语句，体会古代文学中的四季之美。然后，请每个小组选派代表，为大家朗读一篇与本组季节相关的现当代散文。第三阶段：展示生活四季。请每个小组的所有成员，编排一个与本组季节相关的生活小品，为大家表演。第四阶段：展示心中四季。请每个小组的所有成员，写一个有关四季的片段，可选择任一季节的景物进行描绘，也可以叙述一个发生在某一季节里的故事，还可以把视角推向未来，说一说对于未来四季里的成长，自己心中的期盼。准备好语段之后，可以在全班范围内，进行朗诵交流。这一完整的语文活动过程，第一阶段主要是以朱自清的《春》来激发同学们对美的感知，而第二阶段、第三阶段是对

美好事物的体验过程,具体感受文学与生活对"美"的不同表达方式,到第四阶段,就开始了创造美思维的培育。

可见,"以美育美"语文活动设计一般都是要经历"感知—体验—实践—创造"等阶段,渲染审美气氛,并受到审美感染。

"以美育美"语文实践活动的设计,无论是主题选择,还是内容安排,都具有灵活性、多元性、自主性的特点。"以美育美"语文实践活动设计,从表现形式上来说主要有四类,具体见图 5－1:

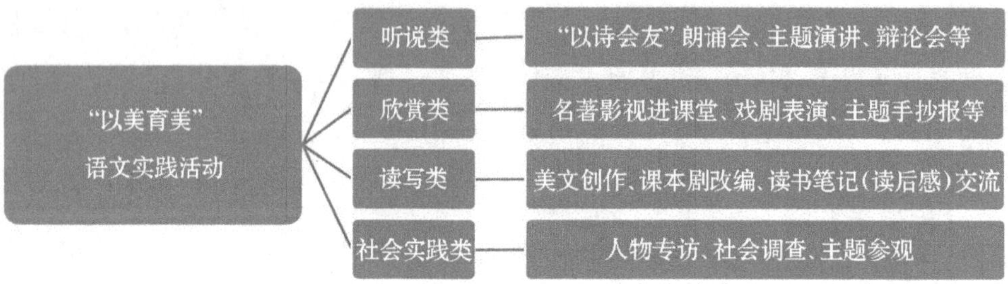

图 5－1　"以美育美"语文实践活动主要分类表

在这些新颖、灵活的语文活动中,学生是真正意义上的主体,学生的审美意识、审美趣味、审美理想、审美素养、审美经验都能得到进一步的展示和提升,发挥与发展,对于美的熏陶与感染,也能产生春风化雨、润物无声的效果。

二、初中语文教材深化"以美育美"教育实施的成效分析

(一)在教学实施方面,有利于优化语文教育功能共生共赢的发展

《礼记·大学》中讲:"致知在格物,物格而后知至。"其中,"格物致知"的意思是探究事物原理,从中获得智慧,感悟到某种心得。这也是对语文教育功能最简洁的概述。如何让原理、智慧、感悟之间产生自然关联,就涉及语文教育功能共生共赢、综合发展的问题。语文学科创设共生共赢的教育环境主要体现在德育"向善"、智育"求真"、体育"强体"、美育"崇美"、劳动技术教育"爱劳"等各个方面。其发展的关键,是教师能在语文教学过程中精准定位最

佳连接点，既不因注重学生语文知识的学习而弱化对综合素养的培养，也不因注重学生的人文感悟而虚化对文学作品的欣赏。实践证明，审美熏陶作用的发挥蕴含在对德育、智育、体育、劳动技术教育等方面美育元素的挖掘过程中。因此，在语文教材中进行“以美育美”教学研究，有利于优化语文教育功能共生共赢的综合性发展，可以非常有效地把向善、求真、强体、崇美、爱劳等方面的教育有机融为一体，促进语文教学研究在动态的、充满生命力的环境中可持续发展。

语文教材“以美育美”教学研究，有利于改变“教师主场、学生客场”的教学面貌，在建设和谐、合作的教与学环境方面，具有积极的引领作用，能够促使教师与学生成为共同研究的探索者、平等交流的对话者，学生与学生成为共同发展的协同者、协同努力的进步者、追求进步的互促者。

（二）在学生成长方面，有利于发挥审美自省的自我管理作用

语文教材“以美育美”教学研究，意在培养学生主体意识、启发学生形成人文发展观、引领学生思考怎样生活。为此，以“审美素养”为检查自省的标准，促进自我管理的有效性，就成为优化学生健康成长、全面发展的便捷路径。例如，师生之间、生生之间多边互动，自由讨论的过程，教师更多关注的不应只是结果，还有对学生主体意识的培养、思维发展的方式以及对生活、自然、社会的感悟与认识。我们的语文课堂绝不能仅仅成为知识传授与技能训练的场所，而是要引导学生常常自问“在充满灵性的文学美欣赏中，收获几何？”这样，就自然而然地把学生带入文学之美。

“问渠哪得清如许，为有源头活水来。”生活是文学的源泉。因此，我们要鼓励学生常常问自己：“是否在语言学习中，拥有一双发现生活美、欣赏美好生活的眼睛？”这样的自我管理过程，有效发挥了学生审美自省的作用。例如，对于春花秋月、夏雨冬雪的自然美，自己的感知更加真切了吗？自己的描绘更加真实、生动了吗？伴随着春花秋月、夏雨冬雪的自然景物，自己又生发了哪些真实的感悟？又想到了哪些令自己难以忘怀的事情？如果能产生这

样的自省思考过程，对于文学的感受必然不会再局限于“斗室之中”，而一定会是与文本阅读情真意挚、文采飞扬的心灵触碰，引领学生掌握知识、注重思考、品析创造。

（三）在教师专业发展方面，有利于自觉提升审美育人的研究能力

教师作为语文教材挖掘“以美育美”育人功能的主要实施者，其扎实的文学功底更有利于美育资源的积累，丰富的语言表达能力有利于美学氛围的创设。语文学科具有浓郁的人文情怀，能带给读者心灵的激荡。实施语文教材“以美育美”的教学研究，必然要阅读大量文本作品，天文地理、自然生物、文学史料、科学技术、生活常识，等等。广泛阅读既开阔审美视野，也有助于教师自觉提升对文学要素的敏锐感觉，自觉积累对文学内涵的丰富情感，这样就能更加有效、灵活地运用各种教学手段和方法，深刻体悟作者的情感及作品中人物的情感，并传递给学生，使学生从心灵深处感受到美。

语文教材“以美育美”的教学研究，注重加强语言修炼，不断提升语言运用能力，增强审美表达。为此，对于语文教材中美学元素的挖掘，有助于语文教师根据教材内容安排教学过程，确定教学语言的轻重、快慢、强弱等，使语言依照教材特点或慷慨激昂，或轻快舒缓，或抒情悠长，或说理严肃……错落有致，节奏鲜明。

语文教材中美学元素的实施，还有助于语文教师不断加强美学学习，提升审美底蕴。审美素养从根本上说与美有关，做好语文教学“以美育美”的研究，就要多读一些美学著作。丰富的美学理论知识，有助于语文老师在文本阅读中真切感知、鉴赏各种形式的美，善于发现朴素中所蕴含的美之真谛。试想，如果语文教师懂得灵活运用有关色彩、声音、比例等美学知识，从审美的角度把握文本中对象，一定会有助于审美教育的自然发生。

实践是检验真理的标准。语文教材中美学元素的研究与实施，有助于教师把平时学习的教育教学理论，应用到语文教学的各个环节中，有意识地进行实践检验。

【案例七】

教学选自《诗经》的《蒹葭》，教师引导学生配画三幅插图，对照画面体会“蒹葭苍苍，白露为霜”“蒹葭萋萋，白露未晞”“蒹葭采采，白露未已”的意境，感受“在水一方”“在水之湄”“在水之涘”的伊人形象，理解面对“道阻且长”“道阻且跻”“道阻且右”的主人公情怀，很快就能完成背诵积累。紧接着，请学生根据画面和诗情，结合自己的想象，在两分钟内构思一段借景寓情的文字。学生们兴致很高，用优美的语言描绘出优美的画面。这样的教学设计，把图画、诗情、达意巧妙地结合在了一起，与教师本人的审美素养关系密切。

可见，掌握一定的审美表现技巧，对语文教师提升审美素养有着积极的助力作用。例如，对于不同的课文，要采用适合的审美表达方法；对于不同的学生、不同的需要也要选择最恰当的审美教育方法。要根据实际需要，灵活运用各种审美技巧，以帮助自己创设出美妙的教学设计。

三、关于开发语文教材“以美育美”实践路径的几点建议

首先，要注重以丰富的文化素养来提高人文修养。语文教学的备课过程同时也是一个广泛汲取各种文化知识的过程。在此过程中，我们要不断提升自己感悟美的素质，自觉承担传递美的责任。第二，鼓励学生重视发现美、感受美、鉴赏美的学习过程，教师与学生始终保有互相感染、彼此熏陶的交流关系，为学生学习生活中的精彩与美丽做出审美教育的引领。第三，构建拓展平台，帮助学生走进更加广阔的美育教育场域。语文审美化教育对学生的一生有着至关重要的影响，语文教师拓展更加广阔的语文学习天地，对于培植学生的审美鉴赏能力、人文精神和塑造健康人格都有积极的促进作用。为此，在语文审美教育的过程中，教师要充分联系社会生活，以创设更加广阔的语文美育环境。

初中语文教材“以美育美”实践路径的研究，要立足于当前核心素养提出

的时代背景，并以初中语文“部编本”教材审美元素的挖掘为切入点。结合相关的审美理论及审美研究，对“初中语文‘以美育美’教学”进行核心概念界定，在落实教材编写理念的实施过程中，探索初中语文“以美育美”育人功能教学路径的开发、实施与阶段成效的总结，为进一步培养学生感受美、鉴赏美、体验美、创造美提供实践性研究成果。

第六章

智慧研讨——教研思考与创新发展

分析语文教研活动现状可知，以校本教研促进教师专业成长，以提升教学研究指导力促进教学实施，以更新教学理念促进教学策略研究等，都是开展教学研讨需要解决的重点问题。为此，大家在工作中需要有更加多元的教学研究路径和实践性引领。

在工作中，大家对于“更加多元的教学研究路径和实践性引领”等问题产生浓厚的研究兴趣和需求，体现了老师们对于做好语文教研工作的普遍认同和高度重视。有效开展教研工作是顺利实施教育教学过程的重要环节。为此，语文教研活动的开展要具有前瞻性，注重研究语文学科的整体发展；要具有针对性，注重为教师成长、价值实现搭建发展的平台；要具有客观性，注重遵循语文学习规律，以持续促进学生综合素养的整体提升。

下面就围绕教师专业化成长，教与学方式的改变，教研环境建设等方面的内容，谈一谈增强教研活动实效性路径探索对引发教研思考，促进教学创新发展的重要作用。

第一节
了解新课程，理解新理念，持续提升教师核心素养

课程改革是教育改革的一项核心内容，近二十年来，我国课程改革在发展中取得辉煌成就。就语文学科而言，在推进课程改革的进程中，我们对于“语文课程的核心价值”产生了很多深入的思考。毫无疑问，学习语言、研究语言、运用语言，这是语文学习的本源内容，是语文课程的直接价值体现；建立相对系统的、规范的语言学习体系，并从中获得精神的滋养，认同、尊重、继承与发展民族文化，这是对语文学习内容的深化过程，是语文课程内在精髓

价值的体现。为此，全面了解课程发展过程中所形成的新特点、新理念、新教法、新学法，并积极实践就成为持续提升教师核心素养的一条主渠道。

一、新课程改革历程回顾

1999 年，国务院批转教育部制定的《面向 21 世纪教育振兴行动计划》。同年，中共中央、国务院做出《关于深化教育改革全面推进素质教育的决定》。由此，素质教育开始进入国家推进、重点突破、全面实施的新阶段。

2001 年，教育部正式颁布了《基础教育课程改革纲要(试行)》，明确了基础教育课程改革的目标与总体框架，新课程改革走进新阶段，促进原有的基础教育课程适应时代发展的需要，新一轮课程改革意在“大力推进基础教育课程改革，调整和改革基础教育的课程体系、结构、内容，构建符合素质教育要求的新的基础教育课程体系”。

2014 年教育部研制印发《关于全面深化课程改革落实立德树人根本任务的意见》，提出“教育部将组织研究提出各学段学生发展核心素养体系，明确学生应具备的适应终身发展和社会发展需要的必备品格和关键能力”。

2016 年 9 月，中国学生发展核心素养研究成果发布，学生发展核心素养，主要指学生应具备的，能够适应终身发展和社会发展需要的必备品格和关键能力。研究学生发展核心素养是落实立德树人根本任务的一项重要举措，也是适应世界教育改革发展趋势、提升我国教育国际竞争力的迫切需要。谈到促进学生核心素养的发展，可以借用培根的名言加以阐述：“读史使人明智，读诗使人灵秀，数学使人周密，科学使人深刻，伦理学使人庄重，逻辑修辞之学使人善辩；凡有所学，皆成性格。”这句话中所说的“凡有所学，皆成性格”，便可看作学科核心素养的发展与落实。

谈到近二十年来新课程的发展，还必须要说一说课程教学目标的发展：从 1.0 版的“双基”教学目标到 2.0 版的“三维”教学目标和 3.0 版的“核心素养”教学目标，其中的发展展现了大家对“教书育人”教学思想的理解。对接语文学科,我们必须要清晰了解在3.0版核心素养教学目标背景下,语文老师应该具备的核心素养有哪些,才能更加有效地促进语文课程建设,不断推进课程发展。

二、语文教师核心素养阐述

学习"四有"好教师"有理想信念、有道德情操、有扎实学识、有仁爱之心"的论述,我们认为在素质教育向核心素养发展的新课程背景下,思考语文教师核心素养的问题,也要以"四有"好教师为本源,具体表现为以下四个方面:

(一)职业道德素养——新时代语文教师素养的灵魂

职业道德素养,从整体上说,这是语文教师综合素养的灵魂,主要表现在三个方面:

1.有理想,有信念

理想信念是语文教师的动力支撑,对其他素养起着统帅作用,"有理想,有信念"是语文老师基于现实而又超越现实的奋斗目标。"对语言文字的认识、理解与运用"是语文学科研究的核心内容,听说读写等各项语文活动,存在于人类生活的各个领域。备课时,费时费力筛选资源的复杂过程,充分说明了语文课程"内容多,涵盖面广"的特点。因此,语文教师的职业理想,包含着对语文教育事业具有长期性和复杂性特点的接受与奉献。

语文作为母语教学课程,肩负历史重任:对继承和弘扬中华民族优秀文化传统和革命传统,增强民族文化认同感,增强民族凝聚力和创造力,具有不可替代的优势。因此,作为一名语文老师,要努力处理好教书与育人的关系,既要做学生知识学习的伙伴,又要做学生人格养成的导师,坚持传道、授业、解惑相统一。自觉将自己的本职工作与民族振兴、国家繁盛紧密相连,为培养创新型人才无私奉献,创新实践。

2.热爱语文,尊重成长

语文教师必须热爱语文学科,这是无需强调的一个永恒要求。语文学科的特点表现为“工具性与人文性的统一”，这就决定了语文教师人格魅力应具有语文化的特点，即语文教师能通过语言文字表现出文学的吸引力和情怀的感召力，既悦学生耳目，牵学生情思，又扣学生心弦、激励学生奋发。所以，只有我们自己热爱语文教学中听说读写的每一项活动，我们的学生才能受到感染和熏陶。

“在每个孩子心中最隐秘的一角，都有一根独特的琴弦，拨动它就会发出特有的音响，要使孩子的心同我讲的话发生共鸣，我自身就需要同孩子的心弦对准音调。”这是苏霍姆林斯基关于教育的一段精彩名言。在语文教学中，我们不仅要关注学生语文知识与技能的构成、语感的形成，同样也要关注学生学习过程中的情感态度、兴趣爱好、人格尊严、心理需求、个性差异，实现语文教学过程育人的目的，帮助学生唤醒自己、认识自己、成就自己。

【案例一】

2018年末，于漪老师获得“改革先锋”奖章，2019年被评为“人民教育家”。从课堂授课到教育改革，从呼吁“教文育人”到倡导“弘扬人文”，在长期从事语文教学的工作中，于漪老师坚持以人为本，教书育人，从学生实际出发，把思想教育渗透于语文教学中，把语文教学和情感熏陶、知识传授、智力开发融为一体，形成独特的教学风格。在长期的语文教育的坚守中，对于怎样上好一堂课，她总结了五条极为实用的经验：

第一，挖掘文章内在的思想性，揭示其寓含的深意；

第二，重锤敲打关键词句，使它们溅出耀眼的火花；

第三，变换提问的角度，选择最佳入口处，激发学生的感情；

第四，创设情境，带领学生置身于情境之中，使他们耳濡目染，受到熏陶；

第五，联系、扩展，增添感情浓度，形成余音缭绕。

时至今日，九十多岁的于漪老师依然在忙碌。在职业道德素养方面，她是我们敬仰与学习的楷模。这里和老师们分享一段于漪老师的教育名言：

“生命之魂是德性与智性的统一，教师要在传授知识、培养能力的同时，向学生撒播理想的种子、美好情操的种子，这样，这个孩子才能明确人生奋斗的方向，明确人生的意义和价值，既懂得做人的底线、有追求的目标，又有生存的本领。我想，这就是一名好老师应该全力以赴做的事情。”

3. 尊重经验，传承发展

在近二十年来的课改历程中，语文学科形成了很多极具影响力的教学理念，我们在教学过程中要认真学习、努力实践这些理念，并在传承中不断突破，以推动其进一步的完善与发展。例如：

学生是语文学习的主体，教师是学习活动的组织者和引导者。

在听说读写的训练中，积极倡导自主、合作、探究的学习方式。

语文教学倡导个性化教学，关注差异，实现选择性学习。

努力建设开放而有活力的语文课程，努力体现语文学科的实践性和综合性。

随着这些新课程、新理念的形成与推广，从整体上来说，语文教师的素养也得到了持续提升。其中，“大语文观”是极具积极影响力的语文教学理念之一。

“大语文教育”的教学结构由“一体两翼”组成：主体是课堂教学，两翼是课外活动和语文环境。语文教学以课堂教学为轴心向学生生活的各个领域进行开拓、延展，把学生的语文学习同学校生活、家庭生活和社会生活有机结合起来，把“教语文”同“教做人”结合起来，把传授语文知识、发展语文能力同发展智力素质与非智力素质结合起来，把听说读写四方面的训练结合起来，使学生接受全面的、整体的、能动的、网络式的培养训练。

语文教学改革进入新时代，现在，核心素养背景下的语文教学研究，紧紧围绕着“语言建构与运用”“思维发展与提升”“审美鉴赏与创造”“文化理解与传承”四个方面而展开。近二十年语文新课程改革所积累的经验，都是我们今天在语文学科核心素养背景下，继续进行语文教学研究的源头活水。

(二)学科专业素养——新时代语文教师素养的基础

一名语文教师,在语文专业领域里必须具备深厚的学养。语文教师的形象不是外部赋予的,而是靠教师自身的深厚学养自然而然形成的。

扎实的语文专业学识是语文教师核心素养的基础。我们要履行语文学科教书育人的职责,就必须具备足够的语文学识。"语文专业学识"的主要特点表现为"学科知识的复合性"。

分析"语文学科知识的复合性",就要分析各个特点之间的逻辑关系。语文学科知识的复合性主要体现为以广博的通识类知识为基础,以精深的语文专业知识为主体,以科学的教育教学知识为辅助,形成深厚的语文底蕴、宽广的语文视野。

学科专业素养具体表现为以下七个方面:

1.语文知识素养

语文教师的知识素养,绝不仅仅是指教材上的那些字词句段篇,而是扎实的语文专业知识的功底,主要包括语言文字知识、文章理论知识、文艺理论知识三项内容。例如:

对初中语文教师来说,在语言文字知识方面应达到的基本要求是:了解汉字的特点及演变;了解语言的性质及发展规律;熟练掌握现行初中教材中古汉语词语的各种知识;熟练掌握现代汉语词汇、词性、短语、句子、复句等相关知识;熟练掌握常用的修辞;熟练掌握标点符号的种类及用法。

对初中语文教师来说,在文章理论知识方面应达到的基本要求是:了解文章按不同标准分类的情况;掌握并理解不同体裁的文体特征;了解作家作品的创作个性和写作特色,掌握并理解常见的写作方法,能够指导学生的阅读鉴赏和构思写作。

对初中语文教师来说,在文艺理论知识方面应达到的基本要求是:运用有关理论知识探讨语文教学的能力;具有较为丰富的文学史和文学批评方面的知识。

还有一点需要引起教师们的关注，现代语文教师所具备的知识素养，还包括对与所教学段相关联的语文学科的纵深了解。比如说，初中语文教师要对小学语文、高中语文教学的内容有所了解，这样才能保证小学、初中、高中各学段的阶梯式衔接。因此，我们要在教学研究中，打通与小学六年、初高中六年之间学段衔接的研究通道，建立十二年一贯制语文专业知识的研究体系。

2. 丰富的语言素养

在课堂上，语文老师的表现应该是非常丰富的。比如说，课文的朗读，是否能做到声情并茂，有效传递出文章的情感，为静止的文字赋予生命的活力；对问题的讲解，是否能做到清楚地表情达意，并引领学生在较深层次的理解中得到滋养。作为语文老师，我们应当把每一节课都当作提升自己语言素养的环境，精心准备每一个环节的讲解、小结、提示，将每一篇课文都当作一个重要的研究对象，反复品读其中的滋味。

需要提醒注意的是，教学中丰富的语言表达，切忌因为追求生动、幽默等文学效果而加入过多的表现手法，从而失去生活的本真。课堂教学中丰富的语言表达，首先要建立在学生易于理解和便于接受的基础上，再力求简洁有趣、生动真实、平和自然。

3. 深厚的文学素养

文学，是美的，是可感的，是有灵性、有温度的，是语文课堂的重要组成部分。对学生而言，语文教师自身的文学素养、情感、语言都是一片丰沛富饶的语文天地，充满了吸引力。在日常教学中，语文教师要注重培养自己传达文学情感的能力，也就是要善于凭借文学的力量，把心中积蓄的文学体验传递出来，传达给学生。这就需要语文老师能始终保持热爱读书的好习惯，进而保持对文学的激情。

"秀才不出门，遍知天下事。""读万卷书，行万里路。"这些大家非常熟悉的语言，都蕴含了同一个朴素的道理：文学的积累不仅是阅读的积累，也是除了知识积累以外的人生的积累，体验的积累。教师只有勤于读书，才能潜移默化地影响学生热爱读书，产生阅读的渴望。

4.深度融合的素养

语文是母语学科，语文课程的实施过程，也是对祖国语言文字学习、理解与应用的实践，担负着培养学生价值观的使命。而价值观的形成必须要有多学科知识的共同支撑，语文跨学科学习是由语文课程的性质和语文课程的目标共同决定的。《义务教育语文课程标准(2011 年版)》对语文教学也提出“拓宽语文学习和运用的领域，注重跨学科的学习”。所以，作为一名语文老师，我们在教学工作中，要有这种“跨学科深度融合”的意识。

在语文教学实践中，特别是对于各类文体、各种题材的阅读，本身就是对跨学科深度融合理念的实施。“大漠孤烟直，长河落日圆”，“诗中有画，画中有诗”，将文学与美术结合在了一起；七年级下册课文《邓稼先》，八年级上册课文《美丽的颜色》，体现了语文与物理、化学学科的融合。生活中，社区新添了某种健身设施，或者新买了某件物品，为了会用，用得正确、便捷，首先要看明白使用说明、注意事项等说明书的内容。语文与生活的关系显而易见。形象一点说，现代语文教师既要做“语文专家”，又要做“知识杂家”。

5.求实的科学素养

语文学科“综合性”特点显著，对语文“跨学科深度融合”理念的理解，决不能是语文与其他学科知识之间机械、盲目地随意叠加，那么怎样才能在语文教学的过程中，促进各学科之间的知识达到深度融合呢？这就涉及语文教师要注重“科学素养”形成的问题，即：教与学的过程都要注重语文学科与各学科之间相互交叉、渗透方式的科学性。为此，语文教学要精心研究如何由“语文的触点”发散开去，从语文与相关学科相联系、相重复、相交叉、相衔接之处提出问题，进行探究分析，与其他学科的知识进行重组、渗透、整合，继而解决问题，使学生的学习过程成为一段求真、求实的实践经历，以培养学生科学认知的生活态度。

语文老师的科学素养既包括必要的科学知识及运用科学知识和方法解决问题的意识与能力，也包括处理问题时科学的思维方式、对待语文教学科学的态度。工作中，只有不断提高自己的科学素养，才能促进“问题意识”的形成与发展，进而有助于在工作中保持实事求是的态度，准确发现教学中的真问题，寻找到有效突破的方法，激发创造性。

6.必备的美学素养

虽然说，爱美之心人皆有之，但是审美能力并不是天生具有的，也不一定能呈现出“随着知识水平的提高而提高”的正态效果。早在20世纪初，我国就提出了“美学教育”这个概念。蔡元培、丰子恺、朱光潜等一些学者、教育家都非常重视美学教育。美学教育的价值不仅能够直接体现于对学生发现美、欣赏美能力的培养，更为重要的是，这些发现美、欣赏美的能力对于学生性格的养成，对于学生成年后的工作、生活都具有深远的影响。

语文教师应具备的美学素养主要包括三点:美学感知能力、美学鉴赏能力和美学传播能力。其中，美学鉴赏能力指的是对审美对象的欣赏评判能力，是在较高层次审美活动过程中所培养起来的能力，也是教学难点的集中体现。因此，从教师发展的角度来说，我们提倡语文教师要具备一些文学批评家的素质，这样就能在阅读文学作品的时候，更多一点客观，多一点辩证思维。教学时，能够根据作者的审美意识和审美指向，站在作者心灵与作品价值体现的角度，整体感知，深入理解，感悟思考，审美评价，帮助学生形成“读中有思，思中有悟”的阅读路径，促进学生形成“理性思辨”的思维构架并逐步走向成熟。

对于语文教师来说，促进自我美学素养的形成与发展有着得天独厚的滋养沃土，这就是“文学的殿堂”。教材中有记叙文、说明文、议论文、诗歌、散文、小说、童话、寓言等各种文体，语文教师只有努力加强自身的美学修养，才能自如地驾驭这些文体，才能在不同特色的文体教学中品其滋味，悟其内涵。

7.发展的信息素养

信息素养不仅仅是指信息技术的运用能力，还是信息社会中一个人综合能力的体现，是一个人能够明确自己所需要的信息指向，并包括检索、评价、分析、加工、利用所需相关信息的能力。在语文教学中，良好的信息素养，既可以使每一位教师成为信息的需求者，也可以成为信息的提供者。这样，就可以创造一种局面：研讨某一个语文问题，老师们通过对信息的关注、获取、交流、批判，共同创造一个在原有信息基础之上的信息增值网络、借此扩大语文教学过程中有效信息的资源储备，从而形成语文知识结构的优化与提升。

（三）教学能力素养——新时代语文教师素养的关键

在教学活动中，不断提高语文教师教学能力的关键因素主要有四点：对教学设计质量的追求、对教学实施效度的追求、对教学过程科学把控的追求、对教学反思过程的追求。

为促进语文教学能力的不断提高，教师要力争做好四方面的努力：

1.提高理解、处理教材的能力

就日常教学而言，"教材处理"主要是指"课文处理"，表现为对课文教学内容的选择与利用。教材处理的目的，是考虑如何更充分有效地利用课文，也就是我们平时所说的"教什么""选什么教""教什么最好"等问题。教学中大家比较熟悉的"教材处理"方法有：

(1)从文章整体入手：长文短教，难文浅教，短文细教，浅文趣教……

(2)从文章局部入手：选点精读，专题研读……

(3)从文章特色入手：美文美教，课文连读，比较阅读……

(4)从阅读方式入手："一课多篇群文阅读"("1＋X")，一课多案针对式阅读，从一篇课文联动整本书阅读……

处理教材的能力是教学能力的重要体现。怎样才能恰当地处理教材？主要有三个要求。

首先是"合理"。文章特点各异，处理教材的角度自然也不同，例如，从阅读过程的处理来看，怎样设定阅读目标，怎样划分阅读课时，一节课的阅读密度和容量怎样处理，等等，都是合理处理教材的重要内容。对于“部编本”语文教材的使用，语文教师应该更多思考：教读课文、自读课文、活动探究单元课文应该怎样处理；从课文篇幅难易程度来说，繁难长文与浅易短文怎样处理；文体特征不同的各类课文的教学怎样处理等等，这些也都是合理处理教材的重要内容。例如，《女娲造人》这篇课文，以讲故事的轻松方式无疑可以强化课文的阅读效果；而对于《秋天的怀念》这样文质兼美、主题厚重的散文，其阅读方式就不能处理得过于轻松。再如，教学选自《水浒传》的《智取生辰纲》，可以强调对人物、情节、环境的理解与体会，但这样的教材处理过程绝不适用于《乡愁》中对“船票”等诗歌意象的理解。

再次是“巧妙”。巧妙教材处理，大致可以从三个角度来突破：

(1)单篇课文的剪裁取舍。例如，全篇课文的整体式处理、知识内容的线条式处理、精美之处的板块式处理、突现目标的要点式处理，等等，都是比较巧妙的单篇课文剪裁取舍的方式。

(2)多篇课文的提炼组合。例如，对于“1＋X”阅读，是选择比较式阅读还是联排式阅读，是片段选读还是整文精读或泛读；新授课时的单元课文阅读与复习阶段的单元教材阅读分别怎样处理教材，等等。教学突破选择得巧妙，阅读高潮设计得巧妙，阅读过程中的启发引导才能巧妙、得当。

(3)处理好课文、单元和学段安排的关系。在深入理解单篇课文的基础上，还要注重深入地理解单元课文量、序、度的整体安排。要厘清单元教材、一册书、一学年、整个初中阶段的教材知识结构、能力结构、思想教育结构。

然后是“新意”。语文教材的创新性处理，是教学中培养学生创新思维能力的需要，这就要求教师在进行教材处理时，要想办法设计出适合创新思维发展的阅读环节，比如说，可以从情境设计、问题架设、情绪感染、激励评价等角度给学生提供一个思维创新的阅读空间，为培养创新性思维提供教学环境，促使课堂教学结构有新意，促使听说读写能力组合的训练方式有新意。

语文教师只有不断提高自己理解和处理教材的能力,才能真正把语文课上得越来越有序、有理、有趣、有味,并逐步形成自己的教学特色、教学风格。

2. 营造民主和谐学习气氛的能力

教育家罗杰斯说:"成功的教学依赖于一种真诚的理解和信任的师生关系,依赖于一种和谐安全的课堂氛围。"这句话告诉我们,在教学过程中要注重建立民主平等的师生关系,充分认识到学生的主体性。认识到学生在学习中是不可替代的,是学习的主人,充分考虑到学生的个性化特点,因材施教。对于尊重学生的心理特点和认知规律这一点,每一位老师都会有自己的经验。但是,学情因时代的发展呈现出很多新变化,因此,我们不能总是凭借经验积累,要有终身学习的理念,不断更新、拓展自己的语文教育思想结构,认识到心理学、教育学、管理学等各方面知识对语文教育的重要指导意义。

3. 引导学生开展探究性学习的能力

引导学生开展探究性学习,是语文教学发展的新内容,也是语文教学发展的必由之路。其关键在于我们对语文学习资源概念的理解,特别是对学习资源外延的理解,决定了对语文探究性学习开发、设计与实施的质量。《义务教育语文课程标准(2011 年版)》对于学习资源的开发有明确说明:

语文课程资源包括课堂教学资源和课外学习资源,例如:教科书、相关配套阅读材料、其他图书、报刊、工具书、教学挂图,电影、电视、广播、网络,报告会、演讲会、辩论会、研讨会、戏剧表演,生产劳动与社会实践场所,图书馆、博物馆、纪念馆、展览馆,布告栏、报廊、各种标牌广告,等等。自然风光、文化遗产、风俗民情、方言土语,国内外的重要事件,日常生活的话题等也都可以成为语文课程的资源。

各地都蕴藏着多种语文课程资源。认真分析本地和本校的特点,充分利用已有的资源,积极开发潜在的资源。

应当争取社会各方面的支持,与社区建立稳定的联系,给学生创设语文实践的环境,开展多种形式的语文学习活动。

语文教师应高度重视课程资源的开发与利用，创造性地开展各类活动，增强学生在各种场合学语文、用语文的意识。

在实际的教学过程中，目前的语文活动，大多是以相对独立的姿态而展开的。有时候活动时间周期比较长，准备起来相对有点麻烦。所以，我们要在学习中，开辟出更多的活动路径，比如，在随文教学的过程中，可以组织相应的探究性阅读、读写结合、写调查报告、组织辩论等语文活动。这样就能让自主、合作、探究、拓展等过程在教学中得到更好的落实与发展。

4. 注重在反思中提高教学质量的能力

著名教育心理学家波斯纳归纳了一个教师成长的公式：经验＋反思＝成长。其实说的就是“思考”与“实践”之间“学而不思则罔，思而不学则殆”相辅相成的关系，告诉我们在不断提高自己教学能力的同时，要注重归纳总结。

谈到教学反思，一般情况下主要是集中于对教学中所出现的问题进行原因分析与改进措施思考。其实，教学实践中，这样的理解是一种局限发展的思维定式。反思既包括对自己日常教学失误与不足的总结，也包括对自我成功经验的积累，例如，这节课上得特别顺利，学习高潮很突出，学习效果很满意，这时候就要善于总结运用的教学方法，哪些触点对于学生思维发展是具有积极促进作用的。“教师的反思能力”对教学质量起着举足轻重的作用，对教师的专业成长起着重要作用，这是毫无疑问的。

（四）科研学习素养——新时代语文教师素养的动力

教师要具有一定的教育科研能力和自我进修能力，在这一点上已经有越来越多的语文教师达成共识。未来的语文教师不但要具备基本的语文教学实践能力，而且还应具备更高层次的教育科研能力，包括运用教育科学理论发现语文教学问题和解决问题的能力、进行语文教学改革实验的能力、总结经验、撰写教育教学论文的能力等。

为了不断提高教育科研水平，语文教师还应该注意发展自我进修的学习能力。工作中要善于把反思与研修融合在一起。例如，写语文工作随笔，随手记下自己在教学实践、研修自学中的心得、思考、展望,等等。教学实践证明,每一篇随笔记录,都是语文教学研究中的一个小课题,是值得深入探索的小专题。教师的科研能力也正是随着这些实践探索,从感性经验逐步上升到理性思考。

总结新课程背景下语文教师应该具备的核心素养,怎样做一名受学生喜爱和尊敬的"四有好老师",还要更深入地思考,怎样才能成为学生锤炼品格的引路人、学习知识的引路人、创新思维的引路人、奉献祖国的引路人。

第二节　专业引领校本化发展，教研教学共同发展

语文“校本化教研”，是以学校学科组、备课组为研究单位的语文专业化研讨活动，研究主体是学校语文教师团队，研究的直接目的是为了促进学校语文教学的发展，促进语文教师专业素养与学生语文学科核心素养的共同发展。为此，我们很有必要全面了解初中语文“校本化教研”的现状，并进行深入分析。

一、语文“校本化教研”现状分析

（一）研究主体模糊化

语文校本教研不同于学术性专业研究，研究主体是语文学科组成备课组的教师团队，其成员是教学一线的语文教师。综观语文教学研究现状，听讲座、看录像、观摩研究课等固有的研修形式，虽然在加强指导性方面具有积极的作用，但老师们以听众或观众的身份参与教研，其主动参与实践的作用被减弱，相关能力很难被充分发挥出来。

（二）研究方法简单化

语文校本教研的目的是立足本学校语文学科在教育教学中存在的问题，以此为出发点，力争在研讨与实践中确定解决方案。显然，在研究过程中发现的问题呈多样性，而解决问题的方法也相应表现出丰富性特点，其研究方法与过程也应该是“百花齐放”的。然而，审视当前语文教师校本化教研现状可知，大多是教师参加学校通识类教研培训，很难单独顾及语文学科的专业性，例如，有针对性的说课、研课、评课等语文序列化活动组织的比较少。

（三）研究过程单一化

语文校本教研是以学校为研究基地，以语文教学中教师所发现的具体问题为研究对象，教师自身作为研究主体，在相关理论指导下，老师们积极发挥同伴互助的作用，探究解决实际问题的方法、规律，在这一过程中促进教师专业化发展。而实际操作中，语文教师的校本教研常常被单一化理解为参加学科比赛、统一教学进度、商量每篇课文教学时间等活动，忽视了过程中对实际问题的研究。

（四）研究预设繁杂化

语文校本教研是在教育教学过程中自然生成的一种研究，强调"合作性"和"民主性"，注重在语文教师之间、语文教师与管理者之间、语文教师与教学专家之间的相互学习与启发，彼此合作与交流。因此，校本教研可以被通俗定位在"草根"化研究的层面上，具有实实在在的效果。分析校本教研实施现状，过程中出现了混淆"语文校本教研"与"语文教学理论研究"的现象，造成的直接困难就是，把解决语文教学具体问题的实践性研究等同于对学术理论的研究，在一定程度上增加了研究的难度。

（五）研究目标"高远"化

在语文教师追求专业化发展的过程中，校本教研无疑是促进教师从"经验型"向"研究型"转轨的一条有效路径。在实践研究中存在着认为开展语文校本教研活动就是组织教师参加教学竞赛、撰写论文、承担课题等活动的现象。由于研究目标的"高远"化设定，校本教研的内容与教学实际需求还存在着一定的差距。显然，走出这个误区，需要对语文校本教研的研究对象、研究方法等研究内容进行合理定位。

二、"语文校本教研"特点解析

（一）实践性强

语文校本教研不同于专业理论研究者所关注的研究内容，其目的不是为了研究系统理论的产生与发展。语文校本教研的实践性，主要表现出“解决教学关键问题”“自主研究计划”“开放设计研究内容”等特点。校本教研的目的是为了不断提升教学实践的有效性，研究的结果应该能够直接作用于学校语文教学，并逐步扩大对研究成果的应用与推行，促进教学效果的持续提升。例如：七年级语文教学，首先会碰到“中小衔接”的问题，教研活动的设计可以从专题学法指导来切入，再分别研究阅读教学的中小衔接，记叙文写作训练的中小衔接、朗读能力提升的中小衔接、诗歌学习的方法指导中小衔接，等等。

（二）内容具体

语文校本教研的研究主体是一线语文教师，这就决定了所解决的问题要从“教学现象”入手，立足解决常态教学中师生所遇到的困扰及各种具体问题，例如：学生默读习惯的养成、阅读中探究问题的设置、作文审题的研究、文言词汇的准确记忆、学生字迹的工整性，等等。这些具体问题虽然很细微，却时时影响着语文教育教学的效果，而且又是教师们的切实需求，因而需要加强研究。

（三）同伴互助

语文校本教研中的“同伴互助”，指的是教师集体在教学研究中相互交流的过程，既包括问题争论，思想统一，又包括学术引领，经验分享等内容。语文校本教研的初衷是解决教学中所遇到的困难，而教学对象是学生，这就决定了校本教研要面向每一位学生，首先要解决共性问题，在此基础上再解决个性化发展。“互助”强调了研究者之间的互动与碰撞，目的是沟通和相互启发，完善研究成果。其研究方法多种多样，例如：谈话法、观察法、实验法、行动研究，等等。这些研究绝非一人可以完成，必然要经过团队集体的策划分析、分工合作、阶段总结、方案调整、成果运用、实践推广等不同的研究阶段，“同伴互助”也因此显示出独特的优势。

（四）自我反思

自我反思根据教育教学所面临的实际问题而展开，过程性思考为语文教学研究内容的丰富性提供了保障。例如，如何进一步改变语文学科教与学的方式，如何深入开展语文校本课程建设，如何体现语文学习的多元化评价方式，如何加强语文教师角色呈现与分析，等等。语文教师个人的自我反思是开展校本化教学研究的主要内容，当个人的研究成为一种自觉自愿行为时，才有利于对实践过程进行提炼、分析、总结、交流，也才有利于研究成果的有效落实。

（五）专业引领

专业引领一般指的是专业研究人员对校本教研的专业指导和支持，承担者可以是语文教学专家或语文学科领航教师等先进教师。“专业引领”的作用主要表现为研讨与引导，促进学科组教师的专业发展。这就要求专业引领者对自己的角色准确定位，就好像是“领舞”者绝不能跳“独舞”，而要积极带动学科组教师一起“跳舞”，在提高学生语文素养的研究中，通过互动交流与分享不断激发大家的研究热情，增强研究意识，提高研究能力。

三、加强语文校本化教研的策略探究

（一）规范研究过程，主题化开展活动

语文校本教研属于学校教育科研的一部分，依托学校自身资源优势，通过学习理论、转变观念来聚焦课堂，解决语文课程建设中所遇到的各种问题与困惑，促进语文教学的过程性发展。

在语文教学中，无论是阅读、写作等各个专题，都必须遵循规范的研究步骤(见图6－1)。作为教师，要具备发现教学实际问题的敏锐性，明确研究目标；准确选择教学研究视角，形成研究成果预设；在调查研究中，从理论层面和实际需要两个角度，确定研究方案，并展开具体、细致的研究；注重成果总结及在实践中的推广应用，以检验研究成果的科学性和实用性。

【案例一】

九年级上册第四单元是小说单元，开展教学时，在预习环节，教师发现，虽然学生有小说学习的基础，但对于通过小说三要素来深入理解内容的阅读方法掌握得还比较薄弱。于是确定了校本教研主题“聚焦小说，增加知识储备”，并确定研究成果预设：以小说三要素为突破点，带领学生创设情境、聚焦人物、梳理情节、剖析主题，掌握阅读小说的基本路径。在阅读教学过程中，进一步发现，对于故事情节这一要素的把握学生有比较扎实的“记叙文六要素”基础。于是，大家在教学研究中调整了教学计划，本单元教学就以“梳理情节”为切入点，带领学生开展《故乡》和《我的叔叔于勒》的比较阅读学习，分析情节发展对凸显人物的作用，引出环境描写对凸显人物的作用分析。再以学生自读《孤独之旅》来完成对小说三要素巩固学习。在学习拓展环节，补充陈小庆《碗底香》小说阅读，以反馈新知识，积累知识点“小说中情节推进与人物塑造之间相互作用，存在着密切的关系”。经过教学实践的检验，可以证明以把握情节，推进对人物形象和环境作用的深入理解，这是一条适应小说文体阅读的有效教学路径。

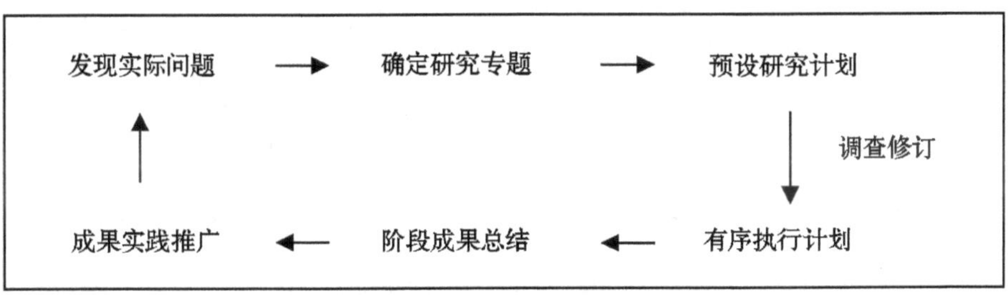

图 6－1　语文专题校本教研的步骤说明

（二）教师参与积极，序列化设计教研

《义务教育语文课程标准（2011 年版）》规定：“语文课程应该是开放而富有创新活力的。要尽可能满足不同地区、不同学校、不同学生的需求，确立适应时代需要的课程目标，开发与之相适应的课程资源，形成相对稳定而又灵活的实施机制，不断地自我调节、更新发展。”这就为语文校本教研创设了广阔的空间。在校本教研活动的开展过程时，学科组要结合学校校本教研管理要求，保障语文教师能按时参加活动。从教研内容的角度来说，校本教研要在开展教学研究的过程中，充分发挥教师个性、研究特长、知识储备、丰富经验等方面特点，促使教研过程能成为教师的自发需要和自觉行为，激发教学思想的活力。

为了避免语文校本教研活动的随意性和盲目性，教研活动注重序列化安排是研究的关键问题之一。对于语文学科组来说，应该能够站在语文学科发展的角度来安排教研活动，将探究活动与教研组整体建设紧密结合，强调整体规划，促进研讨活动能够沿纵深方向发展，关注过程，一个阶段的研究成果应该是一个教学专题的完整体系建设。对于初中学段语文校本教研活动的开展，整体规划要能够体现语文知识之间的关联性，对具体问题的研究，首先要符合学情需求，符合学生的学习规律。

【案例二】

学习八年级上册课文《藤野先生》，教师安排了四次“人物特写”系列作文训练，分别是“肖像描摹”“性格迥然”“细节塑形”“心灵互动”，这四次写作训练实际上起到了一线贯穿“人物类”作文整体构思路径的点拨作用：通过人物速写与细节刻画，在情节发展中突显人物性格特点，形成激荡心灵的力量，抒发自我感悟。

教学关联性的体现，可以加强对专题教学的研究。例如，从知识的关联性角度分析，可以更加关注文言文教学、朗读教学等各个专题领域内部的研究，以促进学生初中学段的知识积累，产生融会贯通的学习效果。从培养说话能力的角度分析，七年级可以结合学生的年龄特点，侧重课后互动交流教学研究；八年级可以结合说明文知识，侧重语言表达清晰、准确的教学研究；九年级可以结合毕业班特点，侧重书面语生动表达的专题教研。在校本教研活动中，语文教师的全面参与，有利于促进自我专业化发展及教研成果的实施与推进。

（三）关注成果反思，教研形式多样化

在教学实践中，我们遇到的实际问题一般具有随机、偶发、个别等特点。这些小问题在日常教学中经常出现，确实是教学中的“真问题”，如果我们注重及时剖析，就会在偶然中发现必然，促使我们的教学始终沿着求真、至善、达美的研究路径而发展。开展以成果反思为主线的教学研究，研究策略主要有以下三点：

1. 专题小，细致研讨

语文校本教研的特点之一就是将教学实践、日常教研与科学研究有机融合。常用方式是通过课题研究，不断提高教师教学能力和教育科研能力。校本教研选择的研究课题要“扬小避大”，研究过程要“宜细避宽”。

【案例三】

学习九年级上册第二单元、第五单元的议论性文章时，我们能清晰感受到初中学生的思维特点更多表现为对事物的感性认识，而理性分析相对薄弱。查阅大量的议论文教学等专业知识之后，教师就要认真思考对于这两个单元的教学拓展，确定哪一个范围比较适合学生接受，就此确定校本教研专题，如：“辩论”对议论文学习的促进作用；准确选择论据的方法研究；积累名人名言对提高议论性文字阅读及写作水平的作用，等等。

可见，开展校本教研活动是以发现问题为中心，问题的发现与界定是校本教研活动的起点，把问题思考升华为小课题研究，是校本教研活动的发展，目的是将零散的教学实践整合起来，为改变教学方法和学生的学习方式做好研究准备。需要提醒注意的是，对于校本教研的研究成果，我们还要注重增加一个“反思再修订”的环节，在“行动、反思、再行动、再反思”的螺旋式渐进过程中，关注自我教学发现，解决具体教学疑惑，交流研究成果，提高教学研讨素养。

2. 案例新，真实分析

语文教学案例研究是教师反思教学成败得失、积累教学经验的一种教研

形式，目的在于促进教师自觉实践课程建设与改革的教学理念。加强案例研究，有利于促进教师通过对课例具体得失的分析与评价，促进自我教学研修等专业素养的提高。语文教学案例研究的角度比较宽泛，可以结合案例中具体的理念、设计、策略、过程、拓展、效果等进行深入研究和客观评价。

《义务教育语文课程标准（2011 年版）》要求课程建设力求彰显出师生的自主与创造精神。校本教研过程中的“教学案例研究”具有“时效性”的独特优势，如果能紧紧围绕教学案例“及时、具体”的特点，分析其合理性或需要改进、延伸等方面的启示，必然能开发出符合学生需求、丰富多彩、特色各异的教学路径。

【案例四】

下面是七年级下册《背影》教学设计的节选：

提问 1：这篇课文几次描写了父亲的背影？（预设学生能答出四次）

提问 2：请找出课文中描写父亲背影里令自己很感动的一次，请选择与相同意见的同学组成研讨小组。

（预设学生会比较集中地选择“父亲买橘子爬月台”和“晶莹泪光中的背影”这两次）

提问 3：请小组重点研讨上面两次背影令人感动的原因，并请同学代表发言。

很显然，这一段教学设计在体现“发展学生自主学习、创作学习与选择性学习”等方面很有特色。在校本教研的讨论中，老师们提出以下问题：

第一，在学生没有充分阅读、对课文的理解还不深入、认识也还欠深刻的情况下就进行分组合作学习，是否能体现出教学预设的效果？

第二，分组后，讨论的内容主要集中在“两次”上，如果还有同学选择了另外两次对父亲背影的描写，他们是否有机会表达自己的阅读感受？

通过这两个问题，大家针对“小组合作学习的有效性”展开深入教研，并就教学理念达成共识:合作学习的目标要符合学生“最近发展区”的需要,是学生在较短时间内可以完成的;合作学习要在民主、有序的状态下开展;合作前要提供充足的时间,做好合作学习的充分准备。

3.课题同,方法各异

“同课异构研究”的基础是“同课”,针对同一学段的教学内容,在集体备课的基础上,充分发挥自我个性化教学特色,在共性中彰显不同的教学智慧,然后再从同课反思的角度,在教学策略、方法、效果等方面展开具体深入的研讨。

【案例五】

开展九年级下册《孔乙己》校本备课活动,老师们确立了教学重点是“综合分析孔乙己的性格”。在上课过程中,两位老师的切入点各有侧重,一个重点体现整体感知部分的内容“课文中的情节发展凸显了孔乙己怎样的性格特点?”一个侧重探究发现“有人评价说,孔乙己的性格具有两方面特点,你能根据课文内容举例进行分析吗?”两种教学思路的推进效果都很突出,同学们对于孔乙己善良朴实、迂腐顽固的两面性格及悲剧形象分析得都很详细、深刻。在反思交流中,大家再次针对这一个课题,进行了不同教学方法的拓展研究。

“同课异构”的教研方式,可以引发同行老师智慧的碰撞,教师之间对问题理解的差异在合作中取长补短,交融互促,进一步提高了教育教学效果的有效性,也为教师们提供了一个交流互动的自我展示平台。

形式多元的教学研讨,有助于学科组形成浓厚的研究氛围,形成适合学校发展的教研文化,促使教师保持专业素养提升的持久动力,激发教学研讨的灵感和活力,使教学研究中的很多想法和做法自然而然地发生。具体来说,教研形式有以下四种。

1.沙龙式教研

沙龙式校本教研一般是指在教研中,语文教师根据教学需要、教学内容自选话题,自定主题,自行组织的教学研讨活动。其特点一般表现为环境宽松、形式活泼、气氛民主、主题鲜明、实例具体，针对教学中的疑点、难点、热点、焦点等内容，在“聊一聊”的轻松气氛中互动交流，达成思想共识，寻找解决问题的策略。例如：沙龙研究的主题可以选择“小说阅读教学怎样设置探究性问题”“议论文知识学以致用的好方法”“课文阅读教学拓展延伸的主要表现形式”，等等。沙龙式校本教研中，每一位研讨的教师都是主持人，都是嘉宾，都是沙龙的主角。在教研的开展过程中，不强求统一的结论，活动旨在开阔思路，引发思考，加深教师对某一问题的认识，寻求更加有效的教学突破口，探索教学最优化的新方法、新策略。

2.叙事式教研

以“教育叙事”作为教研内容的表现形式，主要是指通过叙述的方式讲述一个语文教育实例的故事，能够启发大家思考故事所揭示的问题、意义或理念，体会其内在包含的语文教育教学规律。语文“教育叙事”中的“事”，真实而具体，在“叙”中通过时间、地点、情节和场景的再现，为进一步研讨搭建交流的平台。

【案例六】

下面是一段语文教育叙事的摘录：

九年级下册《出师表》要求全文背诵，这对于学生来说是一个难点。在完成了课文翻译的教学任务后，本着“熟读成诵”的方法，教师领读三遍，又组织学生进行了自读练习，然后布置背诵的作业。同学们立刻议论纷纷，表现出比较强烈的为难情绪。于是，教师临时改变教学安排：首先把背诵作业改为熟读，并把本文改写成现代文，紧接着又增加了一节文意理解巩固课，带领学生利用书下注释再次理解文意，复述内容，反复诵读。当逐渐感受到学生在文意理解方面的进步后，再提及背诵的作业，同学们的为难情绪明显降低。教师在教学中有所反思：熟读是理解文意的前提，理解文意是顺利背诵的基础。

在这则教育叙事中，我们看到老师积极解决教学推进过程中所遇到困难，既有对教学规律的探究，也有对教学策略的选择。很显然，叙事式教研要求老师敏锐发现教学过程中的研究点，并认真分析问题产生的原因，进而总结出具体的教学经验或教训。

3. 展示式教研

展示式教研是语文校本教研中具有较高使用频率的一种教研方法，主要是采用“公开课”的形式，鲜明地表现出自己的教学亮点。在设计展示教研活动的时候，通常是教研组与任课教师针对上课内容，共同说课、备课、设计方案。需要注意的是，公开课的结束并不是“展示教研”活动的结点，还应该组织任课教师“说一说”自己的课，内容可以是自己备课时思路的畅通过程，可以是自己课堂教学中的得与失，可以是自己课后对某一点的具体反思，等等。这一层面的展示交流，实际上是教师专业化的高层次研讨，能够达到“展示”的真正目的。

4. 研修式教研

研修式语文教研能够充分发挥教师专业学习的自主精神，使其通过“自觉学习与提升”，不断提高语文教学素养与能力。其形式可以是学校为语文教师组织的“语文校本培训”，也可以是备课组安排的集体备课活动，学习相关专题文献资料，还可以是大力开展网络资源学习与讨论活动，从而实现“在教中学”“在学中教”的良性循环。

开展语文校本教研活动，以关注“日常教学”为研究契机，以学校语文教师为主体，以不断提高学生语文学习素养为研究目的，实现教研教学共同发展，促进教师学生共同发展。语文课程的校本化建设对“课程资源的合理取舍与适度开发”提出新的研究课题，语文校本教研架起了研究者与优化课程组织结构之间的桥梁，开辟了“拓宽语文教学领域，注重跨界发展”的教研新路径，为培养社会发展所需要的未来人才扎实奠基。

第三节　优化信息资源管理，助推语文素养持续提升

《义务教育语文课程标准(2011年版)》提出：“语文课程是一门学习语言文字运用的综合性、实践性课程。”这就决定了语文学习资源具有领域广阔、内容丰富、多元拓展等特点。在飞速发展的信息化时代里，语文教学首先要研究的一个问题就是如何有效处理庞大信息领域与优化语文教学资源之间的关系，促使海量信息在语文学习过程中被筛选、被处理、被存储、被传输，从而能够链接科技、文化、农业、工业、美学、医学等各个领域里各类、各样的信息，使其为语文教学所用，在提高学生听说读写能力的同时，进一步促进学生发现问题、分析问题、解决问题等综合能力的提升，对创新意识和探究精神的形成与发展产生积极的影响力。下面针对“加强语文教学信息资源优化策略”的问题进行阐述。

一、“知识元”清晰化，追根问底

所谓“知识元”，是指不可再分割的具有完备知识的单位，是显性知识中最小的可控单位。“知识元”能用文字和数字表达出来，能够进行编辑和整理。“知识元”在初中语文教研中的应用，主要表现在对知识点的不断链接，形成知识增值，生成知识体系。

【案例一】

以八年级上册第四单元《白杨礼赞》为例，详解见图6—2。

在教学中，如果能以语文教材的具体篇目为“知识元”研究单位，加强对

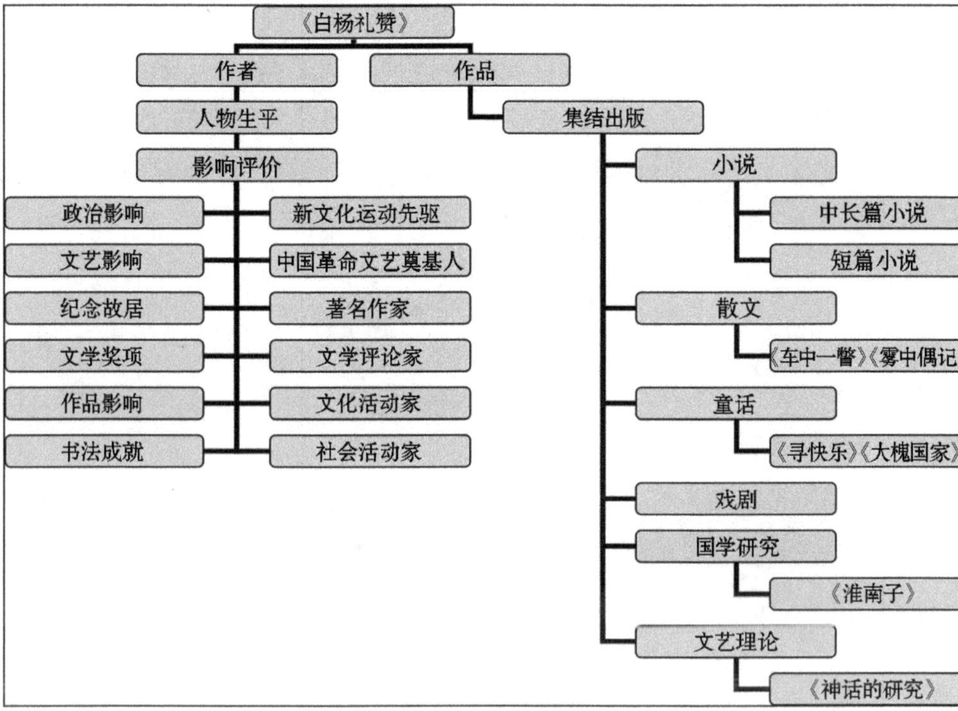

图 6—2　《白杨礼赞》知识元体系表

链接同类文献、链接文献引用、链接文献特点等方面的研究，即能从深度挖掘和广度拓展两个角度，加强对教材文本的研究。教学实践证明，加强对“知识元”体系的建构，有助于在知识本源、组织与排序、演变与发展等各个知识领域里开展比较与分析，挖掘与拓展等方面的研究，实现开掘教学资源最大化，促进语文教师的专业化成长向更加广阔的教学领域拓展。

二、“多元资源”最优化，化繁为简

网络教学资源作为信息时代发展的产物，为每一位语文老师都提供了所需要的研究资源和研究环境。语文教师作为教研活动的研究主体，可以在网站、论坛、博客等各种交互平台里自由地进行信息检索、提取、整合。例如：以

"诗经,蒹葭"为关键词搜索出的条目,内容涉及诗歌简介、作品赏析、朗诵视频、歌曲、教学设计、教学反思、说课等方方面面。很显然,这样庞大的资源为语文老师的自主浏览、深入研究、知识构建等提供了极大程度的便利。

然而,随着网络开放性的日趋发展,也表现出一些弊端:资源质量参差不齐,存在差异性;知识繁多,存在无序性;应用技术不成熟,存在局限性,等等。对于语文老师来说,遇到的挑战是如何能从堆积如云、眼花缭乱的材料里,快速筛选出可用信息。为有效提高信息资源的使用率,提出以下教学备课建议。

(一)统筹整理,资源再开发

面对大量的教学素材,为了提高信息处理的能力,教师有必要学习一些网络管理与资源库建设的知识。例如,对于初步搜索确定的信息资源要及时进行分类管理,为下一步的精准筛选创设便捷条件。再如:统筹管理信息,可以横向划分研究区域,以教材文本为原点,多元拓展相关信息;也可以纵向划分研究区域,同样是以教材文本为原点,沿纵深方向整理包括作家作品、创作背景、鉴赏分析、优秀教案及课件,等等。

资源再开发,还包括对生活的关注。例如:在作文教学中,我们可以充分利用微视频制作积累写作素材。

【案例二】

学习七年级上册《济南的冬天》,教师布置了作业:请用视频记录下你非常喜欢的一段景物,并给视频配写一段文字,描绘出你看到的景致,朗诵分享给同学们。同学们在展示交流中,分享了用手机录制下各种美丽景象:穿过阳台,透过窗户斜射进来的金色阳光;微风中萌芽的小草和摇曳的柳条;夕阳里湖水微波荡起的涟漪;树枝上叽喳歌唱的小鸟,等等。大家的朗诵分享也是声情并茂。特别是在分享写作感受的时候,有同学说:"为了写这一段文字,反反复复地看自己拍摄的小视频,越看越喜欢,整段文字改了好几遍。"由此可见，在生活中开发语文学习资源，既可以引导学生学会观察、发现、思考、感悟，又可以增强学习过程的趣味性、直观性、体验性。

（二）优化质量，信息再利用

应该说，每一个教学资源都是制作者为满足当时的特定需求而制作的，并不一定适合所有学情特点。因此，网络资源琳琅满目，教师合理利用的前提是做好资源质量的优化工作。对于网络资源的优化主要有两方面工作，一是筛选研究价值比较高的资源，二是改造已有资源，目的都是增强使用效果的适切性。在教学实践中，我们鼓励以备课组为研究单位加强研究。例如，可以把备课组教师团队分成经验组和技术组两部分。经验组承担浏览信息，并进行信息资源取舍的任务；技术组承担审阅、加工、改造的任务。

【案例三】

备课组根据八年级下册课文中涉及的名著《钢铁是怎样炼成的》开展导读教学研讨活动，由经验组完成对网络信息的浏览工作，以提高阅读积极性为策略，在筛选中把庞杂的信息初步分为情节、人物、主题、写法、文学常识等五个类别，然后交给技术组，由技术组对材料继续进行精细整理，最终完成内容了解、人物分析、主题理解、写法赏析、背景简介等五个专题的最优化教学资源，以供教师备课使用。

（三）信息关联，开发新领域

语文教材课程资源的开发有着丰富的外延，我们要拓宽视野，自然学、人文学、社会学等都是资源库素材。

【案例四】

根据八年级下册《大自然的语言》开展教学研讨活动时，备课组选取教研角度为“学科整合与资源开发”，决定从“阅读教学”的角度出发，链接与科普说明文知识要点相关的文本，开展拓展阅读活动。大家在研讨中达成一致的教学想法：从“自然科学”的角度出发，链接动物、植物、地理、气象、物理等科学知识，丰富知识认知；从“社会人文”的角度出发，链接保护自然、合理开发与利用等方面的相关内容，增强生活体验。分析教学效果，学生在丰富的阅读资源里所获得的知识与启发同样也是多元的。可见，“凡事预则立，不预则废”，充分的教学准备是取得良好教学效果的关键。

开发教学资源的基本原则是：课内外资源要“连”起来，多学科资源要“连”起来，要突显语文学科“语言文字”的特点，能对于语言的感悟、积累和运用起到积极的影响作用，在确保语文教学本色的前提下，教材资源与其他资源相互联系，相辅相成，应用时才能产生拓展合理、整体辐射的效果。

教学资源的筛选、整理、开发等环节，均属于教学资源准备阶段。对于资源的利用，则属于教学的实施环节。传统形式的现代多媒体教学，是以展示一课文本的文字、图形、声音、动画等不同形态的信息为主要内容，常用形式为 PPT 演示、音频分享、视频观看等。在信息技术多元化发展的时代里，简单的 PPT 演示、音视频播放显然已经不能满足教学需求。因此，“让学习资源动起来”的研究，就成为当前语文教学信息化研究的一项重要内容。以下四种方式值得推荐：

1. 插图配音，把平面变立体

初中语文教材中的插图具有直观、形象、美观等特点，这些图片是为了配合课文的主要人物、情节、场景所拍摄或绘制的精美图片。随着信息技术的飞速发展，简单的平面效果已经不能满足教学的需要。在教学研讨中，我们要灵活教学方法，深入探索如何充分利用这些教材插图，以实现“把平面变立体”的教学效果。

【案例五】

七年级上册课文《从百草园到三味书屋》，教材中有一幅插图（见图6—3）。教师准备在预习环节组织同学们开展“教材插图我介绍”的活动。课前，教师利用这幅插图制作了一段微视频，并配音：“请闭上眼睛，根据你对课文的预习，想一想三味书屋的布置；再想一想鲁迅来到三味书屋第一次见到先生时的场景。请睁开眼睛看一看这幅插图，和你记忆中的一样吗？请查阅资料思考，鲁迅先生在三味书屋的学习时光，对他的一生有怎样的影响。”这段在预习环节使用的微视频，不仅可以引导学生认真阅读文本，还可以引发学生深入思考。而同学们把预习成果也带进了自己制作的“教材插图我介绍”微视频讲解中。整个预习环节，在教与学的过程中真正体现了“把平面变立体”互动教学效果。

图6—3　七年级上册《从百草园到三味书屋》插图

2. 微视诵读，发现感悟审美

对初中语文教学来说，古诗词是一项非常重要的组成内容。“部编本”初中语文教材共有课内古诗词37首，课外古诗词48首，共85首。在教学中，我们可以充分利用这些古诗词加强诵读练习，使学生受到文化的熏陶，提升审美理念，对传承、弘扬优秀传统文化起到积极的影响作用。

【案例六】

学生在学习七年级下册《木兰诗》时，教师以“我读诗我讲诗”为主题，组织开展诗歌鉴赏活动，鼓励同学们以制作鉴赏微视频的方式，分享自己的学习成果。同学们纷纷录制朗诵视频，有的还配上了背景音乐、图片；有的制作了PPT讲解课件，并用录屏软件制作成一个短小精美的微课视频。同学们的赏析讲解，包含了背景简介、重点诗句理解、创作方法等多方面内容。特别可贵的是，在赏析中同学们融入了自己的阅读感悟，例如由木兰形象谈到了新时代对英雄的理解，对偶像的理解。这一鉴赏活动的开展，确实起到了引领学生探究赏析古代文学方法的作用，对于引导学生提升自己发现美、感悟美的能力也有积极的促进作用。

3. 口语交际，创设学习情境

网络教学资源的特点是可以将各种多媒体形式的资源整合在一起，在应用中集各种表现形式之长，创设出逼真的学习情境。在口语交际教学中，巧妙运用情境教学的优势，有助于体现口语交际训练生活化、互动性强的特点，有助于推动对口语交际教学策略和实施路径的探索与实践，有助于扎扎实实地提高口语交际教学有效性。

【案例七】

开展八年级上册《苏州园林》的教学研究，备课组的老师们从网络上下载了一段介绍苏州园林的视频，根据“初中学段的语文口语交际教学，应该有明确的交际话题和充分的口语表达训练机会”这一具体要求，研讨并设计了如下情境活动：把全体同学分成四个旅游小组，每个小组均有一位导游，其他同学为游客，活动内容是请导游用课文里的相关内容进行具体讲解。教学实践证明，同学们为了做好讲解词而细读课文；为了让讲解词与视频画面相匹配，在解说词内容、语速调整等方面都做了精心准备；为了与游客们互动交流，非常注意语气、肢体语言、表情语言的使用。而游客们也可以在细读课文的基础上，随时提问。整个活动过程确实体现出口语交际活动不是自说自话而是有明确的交际目的等特点。

4. 文本配乐,综合调动感官

朗读,是以理解文学作品的意义为目的的一种有声阅读行为,它是语文教与学过程中的基础性活动。毫无疑问,朗读教学在推动语文教学发展的过程中起着不可或缺的重要作用。那么,在信息化时代里怎样充分发挥朗读教学的作用就成为语文教学研究的当务之急。在教研活动中,我们推荐开展给课文配乐的活动,强化有声朗读的阅读效果。例如:学习八年级上册《钱塘湖春行》,可以配一段清新而又充满活力的背景音乐;学习七年级下册《黄河颂》,可以配一段雄浑的《黄河大合唱》,学习九年级上册《你是人间四月天》,可以配以旋律优美、委婉动听的钢琴曲,等等。声音具有"不可逆"的特点,稍不留神就会空过去,教学中,恰当运用这一特点可有效提高对学生注意力和创造力的培养。因此,给音乐配以文字,营造出特定氛围,综合调动学生感官,可以成为区域性语文教研重点研讨的内容。

现代信息技术的交互性,为教师深入研究教与学方式的改变提供了现代信息技术支持。我们对于信息化语文教学的研究,要更多关注教学资源的语文化应用,鼓励学生在学习中主动参与、积极探索,在实践体验中获得语文能力的提升,进而促进语文素养的持续提升。

第四节
个性化发展，选择性学习，师生共研引领教与学

教育部《关于全面深化课程改革落实立德树人根本任务的意见》提出：“各学科的学习内容要符合学生不同发展阶段的年龄特征，紧密联系学生生活经验。”“打牢学生终身发展的基础，增加学生选择学习的机会，满足持续发展、个性发展需要。”提及“个性化发展”与“选择性学习”，传统的研究理念认为其研究行为的主体应该是老师，研究的对象是学生。而学习实践证明，把学生融入研究行为主体，研究效果更加客观显著。即：师生共研，教师因“学情”而选“研”，学生因“探究”而择“学”。《中国学生发展核心素养》阐述：“自主发展，重在强调能有效管理自己的学习和生活，认识和发现自我价值，发掘自身潜力。”“学会学习指的是学生在学习意识形成、学习方式方法选择、学习进程评估调控等方面的综合表现。”那么，如何帮助学生实现个性化发展，在选择性学习中促进其探究能力的不断提升，从而促进其语文素养的形成呢？首先我们要深入分析，长期以来语文学习所存在的主要问题：

一、“教学教材”窄化“用教材教”的理解范畴

在日常备课中，教师常常会被“教参”“教材”的权威性局限，其授课行为沉浸于教材宣讲、教参辅助，更加关注课文所涉及的文学常识、内容主旨、写法风格，等等。这种趋于“同化”的教学思路，使得学生对于文本的理解窄化为追求同一个正确答案。阅读行为的效果应该是“一千个人眼里有一千个哈

姆雷特”，而“同化”教学思路，直接导致“全班所有同学的眼里只有一个哈姆雷特”。分析问题所在，主要是由于教师在备课时，对一篇课文的理解仅仅停留在文章本身，而对这篇文章在单元教学、整册教材及整个学段中的教学作用思考较少，直接把对“教材体系设计”的理解简化为“教材篇目的单兵训练”，从而造成“只见树木，不见森林”的学习窄化现象。例如，九年级下册第一单元是诗歌阅读单元，包括《祖国啊，我亲爱的祖国》《梅岭三章》《短诗五首》《海燕》四篇教材，其常态教法为：逐一学习鉴赏，了解并体会诗歌特点。这一教学过程的特点是便于独立操作，简单易行。根据“部编本”语文教材教学提倡单元整体教学、比较阅读等教学方式的编写理念，很显然对使用教材的研究要跟上教学改革“用教材教”的发展步伐。可见，如何用好“课文”范例以推动教材编写体系中教学目标的实施，是我们在日常教学中要重点思考的内容。

二、“教师重教”代替“学生学习”的主体行为

从教学理念的学习与实践角度来说，老师们正在努力改变“串讲式”“满堂灌”“教师主角”等课堂现象，并已经取得较好的实效。但由于教学任务多、课时紧等原因，常态教学中，比较常见的教学流程依然存在教师串讲课文，学生做笔记的现象。其实，学生的学习行为，不仅要记笔记，还要用脑思考、注意看、认真听、敢表达、有体悟、会应用。可见，充分发挥学生在课堂学习中的主体作用，引导学生最大限度地参与探究过程，促进学生主动发展，语文学习能力持续提升是教师课堂教学所追求的美好境界。

三、“练习反馈”简化“多元评价”的过程方法

“练习反馈”在教学设计中似乎已成为一个相对固定环节，其特点是针对性强、具有直观效果，教学设计常常以“预习成果”的练习反馈开始，以“学习成果”的练习反馈收尾。《义务教育语文课程标准(2011 年版)》对“多

元评价"提出具体要求:评价方法除了纸笔测试以外,还有平时的行为观察与记录、问卷调查、面谈讨论等各种方法。在常态教学中,"评价多元化"的现象常常被忽略,主要表现为:从备课角度分析,根据学习内容灵活选择多元评价主体方面缺乏设计准备;从学习过程分析,根据学习情境灵活运用多种评价形式来推进学习活动这一方面也缺乏深入思考与实践。分析"多元评价"之所以被简化为"练习反馈"的原因,主要还是源于教师更多关注了语文课程的"工具性",还要更加关注学生在个性化与选择性学习等方面的具体需求。

怎样改变语文学习中所存在的这些主要问题呢?"个性化发展""选择性学习"为师生共研引领教与学提供了研究路径和具体方法。具体说来,主要是做好以下四方面工作:

一、"小课题共研"引领"个性学习"的自主发展

陶行知先生说:"对于教育问题,用分析的、客观的方法研究,将大问题分析为数十、数百个小问题,每一个小问题至少有一人继续研究办理,如是,大问题也不难解决了。""小课题共研"的主要路径即为如此:以学生为研究主体研究其学习需求,以教师为研究主体研究其教学需求,从而确定所要研究的"综合课题",然后拆分为若干"小课题",其研究成果回归教学实践,进行师生共研的实践论证,修订后确定整体推进的教学方案,创设选择性教与学的过程。(如图 6—4)

【案例一】

"部编本"教材七年级上册,第三单元、第四单元、第五单元,连续 10 篇课文整体要求学习默读。研究七年级上学期的具体学情:根据年龄特点,学生专心程度保持时间较短,朗读方式外显为高声诵读的学习效果较好。为此,教师研讨确定综合课题:加强默读方法的学习研究,培养默读习惯。请三位

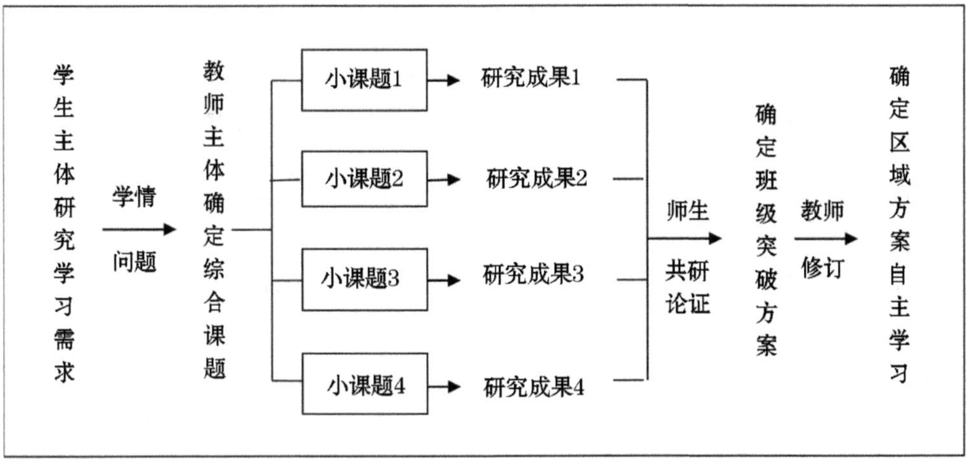

图 6—4　“小课题共研”学习程序表

教师分别承担三个小课题研究:(1)读课文不出声、不动唇、不指读,不回看,一气读完全文。(2)边默读边思考,圈点勾画随时做批注。(3)连续默读两遍,先逐句精读,再“一目十行”速读。以第三单元为例,分析学习效果:第一种默读过程,主要内容记忆比较清楚,但缺乏较为深入的理解;第二种默读过程,理解较为深刻,但速度较慢;第三种默读过程,有助于读懂内容,但第二遍速读时,注意力容易被分散。教师修订研究方案:第一种方法,在默读后增加对主要内容的概括;第二种方法,在默读前先提出具体的问题;第三种方法,在默读前先规定所限时间。在教学第四单元时,老师们经过研讨调整学习方案:向同学们介绍以上三种默读学习特点,并请同学根据自己的学习习惯,选择其中一种进行默读学习。在反思总结第四单元的教学情况时,老师们一致认为在学习方式的恰切性方面收到较好学习效果,并调整第五单元教学设计:首先请同学们互相交流三种默读学习方式的收获,在此基础上,请同学选择另外一种默读学习方式,以不断积累学习方法。

可见,“小课题共研”的特点:研究周期较短,针对学情实际需求,利用已有经验方法、理论技术,在研讨和实践中师生一起探寻解决的策略方法。

二、"菜单式共研"拓宽"个性学习"的选择空间

"菜单式教研"是以学生的学习需求为导向，建立研究项目的菜单，师生共同开展研究，促使"个性学习"的可选择空间获得最大化拓展，表现出直观性、自主性、互助性、适应性、主动性、系统性、全面性等特点。通过教师集体、学生个体、师生互动、生生互动等多个阶段的深入研究，拓宽学生的"个性学习"空间，引领学生自主选择相关内容或学习视角。

【案例二】

"部编本"语文教材八年级下册第一单元《社戏》《回延安》《安塞腰鼓》《灯笼》四篇课文或表现各地风土人情，或展示传统文化习俗。学生在预习后提出若干学习需求，例如：有些文学知识的内容是第一次接触，希望有更多了解；有的课文篇幅比较长，自读时略有困难；能理解塑造人物形象的方法，但灵活应用仍感觉有难度；文学大家能把生活小事写得真情流露，而自己在作文时却常常感觉无素材可选；怎样提高对文学作品的阅读兴趣，等等。汇总学生的学习需求，包含了对课文选材、内容、主旨、写法、艺术特色、学以致用、阅读拓展等多个方面，也涉及了课前预习、课堂学习、课后拓展等多个学习时间和空间。根据学情，列出学习研究的"菜单"，教师推荐学法指导，组织学生有效开展学习活动，并把学习"菜单"发给学生，学生可根据自己的具体需求，自主选择学习内容。具体见表6—1。

表 6—1 “部编本”语文教材八年级下册第一单元“共研菜单”及选学表

语文教材八年级下册第一单元		
共研菜单 （学生先自主选择，教师再整合）	学习方法指导 （师生共研，确定任务）	选学空间 （学生独立研究）
1. 研究“文学常识”相关内容的学习方法	(1)收集简介材料（作家、作品、背景） (2)阅读评论文章	从推荐的适宜材料中自选阅读篇目，开展阅读活动
2. 研究“长文短读”的学习方法	(1)选择阅读方法（精读、略读） (2)自选阅读任务，圈点勾画完成阅读	课下自读、课堂学习
3. 研究“读写结合”的微写作训练	(1)片段仿写 (2)自由创作	选择性题目，创意写作
4. 研究感悟“以人物为主的叙事性作品”内涵的方法	(1)思考选材的目的 (2)尝试评写鉴赏文字	课堂练习、课下自主完成
5. 研究拓展阅读保障的实施方法	(1)推荐同一作者、同一素材的相关文章 (2)开展整本书阅读活动	(1)从推荐的文章中自选阅读篇目，开展阅读活动 (2)从学生互相推荐的整本书阅读中选择

“菜单式教研”从学生需求出发，能够给学生提供更加广泛的选择空间。这种方法，适用于作业的层次体现、疑难问题的解决、专题复习的有效推进、针对性试卷分析等学习内容，有助于学习效果的自主提升。

三、“联动式共研”促进“个性学习”的跨界融合

（一）语文联动“其他学科”，开拓“个性学习”的宽度

纵观初中语文教材，语文学科与历史、物理、生物、地理、政治、美术、音乐等很多学科，在知识体系上都存在着密切的关联。例如，“部编本”语文教材

七年级上册《动物笑谈》一课与生物学科知识联系紧密;八年级下册《时间的脚印》一课与地质学知识联系紧密;九年级下册《无言之美》一课,融合了摄影、美术等相关知识。《义务教育语文课程标准(2011 年版)》明确指出:“拓宽语文学习和运用的领域,注重跨学科的学习和现代科技手段的运用,使学生在不同内容和方法的相互交叉、渗透和整合中开阔视野,提高学习效率,初步养成现代社会所需要的语文素养。”由此可见,语文学科与其他学科的交相融合,是学生实现自我语文素养不断提升的又一个有效方法。

心理学家加德纳的“智力多元论”认为,构成智力包括以下八种能力:语言智能、数学逻辑智能、空间智能、身体运动智能、音乐智能、人际智能、自我认知智能、自然认知智能。加德纳认为,在正常条件下,只要有适当的外界刺激和个体本身的努力,每个个体都能发展和加强自己的任意一种智力。在语文教学中,善于从“文本联动其他学科”发展学生能力,是语文学科教研促进“个性学习”的又一片广阔的天地。

【案例三】

教学“部编本”语文教材九年级上册第四单元《我的叔叔于勒》一课,教师根据“智力多元论”,引导学生自由选择学习小组,以“双幕剧”对比表演的形式突破对菲利普夫妇人物性格的理解,并逐层加深对小说“塑造鲜明人物形象”意义的理解。第一组,表演组,由喜欢表演且“人际智能”“身体运动智能”较突出的学生组成;第二组,音像组,由“音乐智能”较突出的学生组成;第三组,美工组,由喜欢绘画且“空间智能”较突出的学生组成;第四组,辩论组,由“语言智能”“数学逻辑智能”较突出的学生组成。为强化对比效果,剧情分为两幕。具体内容如下(表 6—2)。在活动过程中,本小组内部成员为完成本组任务,大家热烈讨论,但以“创意共识”为统一目标;对于各小组之间的合作,大家首先了解对方创意意图,遵循尊重与配合的策略原则,以不断修订自己的组内作品来增强各组作品之间的自然融合程度。总结本次活动效果,确实体现出教师对于学生自主学习积极性的引领，在增强学习探究力与合作效果方面，均获得比较成熟的经验积累。

表 6—2　《我的叔叔于勒》课本剧双幕剧策划表

	第一幕 （结合课文情节设置）	第二幕 （补充创作新情节）
第一组 （表演组）	菲利普夫妇发现在船上卖牡蛎的人是于勒。	菲利普夫妇生活稳定，子女也都找到了满意的工作，家庭的经济状况明显好转，又在去哲尔赛岛的船上遇见依然窘况的于勒。
第二组 （音像组）	配背景音乐和画面，烘托气氛。	思考是否需要换媒体背景音乐和画面，使之能够起到更恰切的气氛烘托作用。
第三组 （美工组）	勾画一幅菲利普夫妇的肖像，加强对人物心理描写的直观化理解。	勾画一组菲利普夫妇的肖像，便于对人物心理变化进行直观化理解。
第四组 （辩论组）	菲利普夫妇是否应该与于勒叔叔相认？	菲利普夫妇的孩子们对于相认于勒叔叔的态度。
全班同学讨论	小说的写作特色是什么？	分析小说的主题，并阐述这篇小说带给我们的心灵冲击有哪些？
学习收获交流	学生发言 1:“为了更好地把握表演状态，我翻阅了很多鉴赏文章，对自己在阅读中准确把握人物内心特别有帮助。” 学生发言 2:“为了选择这两段音乐，特别是在更换音乐的过程中，学习了很多关于配乐的知识，还特意请教了音乐老师。” 学生发言 3:“第一次以文字给人物画肖像，就像写作文一样，得先揣摩人物心理，在脑子里构思画面，才能画出来。由一个画面发展为一组画面的过程，对于小说人物塑造意义的理解，确实是逐步加深。” 学生发言 4:“辩论时，思维特别敏锐，既要时时想着课文内容，又得时时推测对方辩手下一环节有可能做出怎样的发言，还真得好好锻炼自己的逻辑能力。”	

语文教材具有“跨界互融”的特点，所选课文大多文质兼美、经久不衰，融文、史、哲、自然等诸多学科内容为一体。认知教育心理学家奥苏贝尔认为“原有的认知结构由于接收新信息而得到改造，这种改造后的认知结构又会影响后继的学习”。语文联动“其他学科”跨界互融，有助于一种学习对另一种学习产生影响，帮助学生自觉实现已有经验的知识迁移。这既体现了学生对学习内容的自主选择，又体现了学生对自主学习的继续和巩固，有效验证了学习规律——学习与迁移不可分割、联系密切。

（二）语文联动“阅读介质”，深化“个性学习”的成果

教育家苏霍姆林斯基说：“让学生变聪明的方法，不是补课，不是增加作业量，而是阅读，阅读，再阅读。”培养学生课外阅读的能力，丰富知识，拓宽视野是语文教学中的“重中之重”。良好的读书习惯，能够为学生终身发展奠基。传统的“纸质阅读”和便携的“电子阅读”是两种常见的阅读方式。有效推动读书活动的深入开展是语文联动“阅读介质”的关键。为此，我们可以开发丰富多样的读书活动，师生共同营造“语文读书”的学习氛围。

1. 朗读、背诵

“朗读”和“背诵”作为中国传统语文教学中最基本的方法，至今仍然是我们语文学习过程中非常重要的一部分内容。

【案例四】

“部编本”语文教材九年级下册第三单元《鱼我所欲也》一课，课文内容比较长，说理过程具有一定的复杂性。为此，教师从文章的语言特点切入，从语调、语速、节奏、情感等方面指导学生有感情地朗读。对于背诵的理解，教师推荐三种记忆方法：方法一，从重点词入手，呈现画面引领文字；方法二，从梳理层次入手，用一条线索串联背诵内容；方法三，从“字头”入手，加强记忆。在背诵练习的过程中，鼓励学生自定“微背诵”目标，并选择适合自己记忆的方法。大家在练习中做出学习方案设计，第一段，说理的逻

辑性较强，可以选择方法二帮助记忆；第二段，事例论据的过程性较强，可以选择方法一帮助记忆。这节课效果显著，绝大部分同学基本完成当堂背诵的学习目标。

"书读百遍，其义自见"，当学生记忆中储存的语言信息越多，"呼之欲出"的感觉就会越强烈。这就说明，在语言表达能力逐步提高的同时，语文素养也在可持续提升。

2. 说评、鉴赏

"电影评论"是从镜头语言、拍摄技术、剧情等角度，对一部电影进行分析和评论的行为活动。把"电影评论"这一形式引进语文学习，能充分发挥学科的综合功能，以全新的视野，发掘读书活动的内涵。以课内篇目为例，学习朱自清的《春》，老舍的《济南的冬天》，茅盾的《白杨礼赞》，阿来的《一滴水经过丽江》等散文，根据课文的语言表现力、结构安排、线索体现、环境烘托、艺术特色等内容，选取相应的鉴赏角度进行分析，做出相对客观的鉴赏评价。"说评、鉴赏"阅读思维的培养，实际上是学生审美能力自我提升的一个过程。其学习效果是学生在阅读文章时，能以鉴赏的角度，针对阅读内容自觉进行深刻思考，读出自我感悟，做出自我评价。

3. 摘抄、续读

"摘抄"是做读书笔记的一种方式，是促进阅读积累的一个有效方法。"读书破万卷，下笔如有神"，读书与做摘录、记心得结合起来，不仅能积累大量素材，而且有助于"厚积薄发"，即：有助于把阅读的知识转化为表达的技能。在阅读时，及时补充有效的阅读篇目，开展"继续读书"活动，对于改变"就语文书教课文"的老套路来说，无疑是注入了新鲜的气息。例如，学习"部编本"语文教材九年级上册第六单元《智取生辰纲》一课，可以推荐学生阅读《水浒传》中"倒拔垂杨柳""景阳冈打虎"等精彩段落，进而再组织同学们开展《水浒传》整本书阅读活动。"继续读书"活动的开展，有利于改变学生"抱着课本"阅读的狭窄局面，而成为引导学生遨游书海的一剂"灵丹妙药"。

4. 表达、助读

在阅读中练习表达的方法有很多，例如，故事新说、演讲、辩论、课本剧、诗歌吟唱，微电影制作，等等，这些都是语文课非常有效的阅读方式。例如，“说说我最喜爱的一本书”读书分享会，就是互动性很强的一种阅读活动，学生将自己喜欢的书，进行彼此推荐，为每一位同学提供若干次开展选择性阅读的机会。这种让“书香传播美好”的阅读共享方式，把阅读活动变得更加及时、便捷，而且能够把短期阅读目标和长期阅读规划结合起来。需要提醒注意的一点是，开展阅读活动，无论是借助文字、语言还是各种媒体技术，都一定要结合自己的理解、感悟、想象、创造，这样才能逐步培养学生的阅读兴趣，深化阅读效果。

（三）语文联动“生活体验”，灵活“个性学习”的方式

《义务教育语文课程标准(2011 年版)》明确说明：“在实现语文学习目标的同时，提高对自然、社会现象与问题的认识，追求积极、健康、和谐的生活方式。”语文教材中的每一篇课文都来自生活，这就说明语文学习的外延与生活的外延是相同的。生活日新月异，“语文学习生活化”的发展道路也因此表现出灵活性和个性化的特点。

1. 观察

【案例五】

学习七年级上册第一单元课文《春》时，同学们对朱自清笔下春天的活力赞叹不已。老师设计说话练习，请同学们说一说“记忆中的夕阳”，教室里一片沉默。请几位同学发言，大家也仅仅是围绕颜色红、面积大这两点叙说，语言表达磕磕绊绊。老师布置作业：请连续在傍晚时分观察夕阳西下的景色。一周后老师再次请同学们发言时，大家畅所欲言：

发言节选一：“站在阳台放眼望去，天上飘浮的白云仿佛被涂上一层淡淡的胭脂，天边呈现出一片粉红。不一会儿它又像一位美丽少女很害羞的样

子，粉红变成火红。绚丽的夕阳在天地之间劈开一片红艳艳的光，万物都穿上了灿烂的霞衣。”

发言节选二：“‘夕阳无限好，只是近黄昏’，很多人都说这句诗充满了感伤，但我却在如血的夕阳里看到一种希望，透过夕阳，我看到了明早朝阳升起的希望。”

发言节选三：“没有辜负我的期待，回家路上我又看到了那一片晚霞。太阳就像一个爱开玩笑的孩子，调皮地躲在一座座高楼后面，把一片火红色的光芒洒在归家的路上。很快，太阳的色彩越来越浅淡，影像也越来越模糊，形状也越来越小。它也要回家了吗？不知明天的傍晚我是否还能看见这美丽的景象。”

对比学生的两次发言，不难看出学生在观察后，对夕阳的描写充满个性化感知。其实，教材里的很多内容都是学生常见并比较熟悉的生活现象，但学生没有观察，自然缺少感性认知。教师在教学中，要善于引导学生留心观察，通过观察去认识生活，加深对文章内涵的理解，不断提高自我解读语言文字的能力，才能不断扩大自己认知生活的视野。

2.倾听

课改多年，教师把课堂的主动权交给学生，学生成为学习中最活跃的主体。同时，我们也能常常看到这样的现象：还没等老师讲清楚要求，学生就开始七嘴八舌发言；某位同学正在发言中，其他同学就迫不及待举手，甚至在座位上将答案脱口而出。学生们大胆发表自我见解，让课堂“动”起来，当然是“学生为主体”的重要表现。而这种“活跃”现象的背后，也表现出明显问题：学生还应培养耐心倾听的好习惯。其实，学会倾听是语文学习的一项重要技能。在课堂学习中培养学生的倾听习惯，可以从“保持良好的倾听姿势”入手。例如，学生在听老师讲课或同学发言时，做到神情专一。当听明白讲解或同学建议与自己保持一致时，可以点头或微笑表达认同；若自己与他人想法不一致，可以微微摇头，但一定还要保持专注，耐心等到他人发言结束再举手补充。

良好的倾听习惯对学生语言素养的形成与发展具有广泛而积极的意义。新闻广播、各种说明、演讲、朗诵、访谈、歌曲、辩论、评论等，都是生活中随处可见的倾听内容。我们还要深入思考的是，如何有序培养学生"对待嘈杂等干扰性环境"的能力。因此"学会倾听"不仅是语文学习的一种习惯，还是一种文明行为习惯，是培养注意力的有效途径。

3. 交往

"人与人之间的交往"是一种生活情境，它为学生学习语文提供了一种崭新的学习方式，体现了沟通课内外、融合生活实践、加强语言交流、充分开发学习资源等特点。比如说，学生学习九年级下册《曹刿论战》一课，分析曹刿与鲁庄公的对话，可以理解曹刿所表现出来的勇于担当，是一种生活态度；学习《邹忌讽齐王纳谏》一课，分析邹忌对齐王的委婉劝谏，可以理解讲究说话艺术也是一种生活态度。学生在对比中自然而然会产生思考：何时应该勇于担当，何时又应该态度委婉。语文学科的人文特征为语文学习提供了独特的学习资源——丰富的生活本源。在生活交往中传递、接受、改变、创造等行为，都说明学生作为学习主体拥有更大的选择权。例如，把自己的见闻分享给老师同学，遇到难题征求他人建议，身体不适写请假条，针对某个话题与同学开展辩论，在与祖辈的谈话中了解民间故事、风土人情等，这些都是鲜活的语文学习资源。在语文学习中培养学生的交往能力主要有三种方法：第一，创设丰富多样的情境学习氛围；第二，倡导合作探究学习；第三，建设真实、诚信的交流环境。帮助学生学会交往，其实是还原了语文学习真实、真情、真感的原生态。

四、"贯通式共研"助推"个性学习"的能力提升

从学习规律而言，语文老师应该非常关注小学、初中、高中各学段的衔接性学习。初中语文的学习，对小学阶段而言起着很重要的发展作用，对高中阶段而言起着很重要的基础性作用。

【案例六】

李白的诗歌，小学有《早发白帝城》，初中有《行路难》，高中有《将进酒》。学生学习九年级上册《行路难》，结合李白生平，能够体会诗歌中跌宕起伏的感情，跳跃式的思维，理解诗人对于政治道路上遭遇艰难所抒发的感慨。然后请学生重读《早发白帝城》，学生对诗歌“夸张奇想，流丽飘逸，自然天成”等特点会即刻产生全新解读，充满了发现的惊喜。然后，选择推荐阅读《将进酒》，为学生们的高中学习铺垫知识基础和情感基础。

加强初中语文学习的研究，促进从小学到高中“贯通式”语文教学发展，可以从以下三个方面加强研究：

第一，以培养理解能力为核心，通过阅读提高学生的鉴赏能力。例如，课文教学中强化对课文语言的理解，在求同思维基础上通过鉴赏评论的方法，发展“个体思维”。这样就可以促进学生从理解课文逐步转化为赏析课文，逐步提高学生对语言文字的把握水平，有助于培养学生自觉锻炼欣赏、审美、评价等思维能力。

第二，以发现学习规律为方法，突出初中学段学习的规范性与科学性。初中学段的语文知识主要来源于六本教材，包括字音字形、正确使用词语、文学名句积累、准确理解句子含义、多种现代文文体阅读、文言文阅读、非连续性文本阅读、名著阅读、口语交际、写作练习，等等。梳理出各专项知识脉络，对学生学习行为的独立性、自主性和选择性均能产生积极影响，从而对学生高中阶段的听、说、读、写等语文活动也起到积极促进作用。

第三，以读写结合为契合点，突出初中学段学习的真情实感。结合所学课文，进行仿写、扩写、续写、改写、写读后感、做读书笔记、和课文进行同题创作等都是常见的读写结合练笔方法。这样的读写结合训练，引领学生经历了理解分析、解决问题、尝试创造等不同思维阶段，既有利于深入解读文本内涵，又可以实现逐步提高语言表达能力的目的，使得作文表达成为“有源之水，有本之木”。因此，充分发挥教材“以文导读，以读促写”的作用，有益于学生在阅读时产生更加理性的思考与评判。而这种思维，对于学生鉴赏、评析等能力的提升都是具有积极作用的积累和铺垫。

在开展选择性学习的过程中，通过师生共研引领教与学的方法，促进学生的个性化成长，需要研究学生的成长规律。马斯洛的需求层次理论是非常具有实践意义的理论指导。学生的语文学习需求像阶梯一样，从低到高，按层次可以分为五种，分别是：知识认知需求、理解掌握需求、迁移运用需求、发展创造需求和自我超越需求。(见图6－5)

图6－5　初中语文学习需求层次表

由此可见，在学生实现自我超越的学习中，师生形成“共同研究体”，整体建构优化的学习过程，开拓自由宽广的语文学习空间，真正激发学生探索语文学科的愿望，是不断深化学生个性化发展和选择性学习的有效方法，也是可持续提升学生语文学科素养的有效途径。

第五节
建设教研共同体，实现资源区本化，促进学校教研均衡发展

《国家中长期教育改革和发展规划纲要》中提出要逐步实现“均衡教育”。追根我国古代教育发展历史可知，教育均衡的理念可以溯源至孔子创办私学，很多原本无法接受教育的人从那时起拥有了学习的机会和权力，教育开始形成和积累因材施教等经验，变得大众化。《国务院关于深入推进义务教育均衡发展的意见》提出“扩大优质教育资源覆盖面”。面对“如何促进均衡教育”的新形式，区域性教研部门也面临着新的研究课题，即：如何以教育教学理论为依据，用教育教学的科学方法，对学科教学领域的“区域化覆盖式均衡发展”进行探索与实践。研究初中语文教学的均衡发展，首先要分析教研现状中存在的主要问题：

第一，教研理念更新与教学实践发展未成正态。

学习《义务教育语文课程标准(2011 年版)》可知，语文教研活动所研讨的一个核心课题即“如何积极倡导自主、合作、探究的学习方式”。一线语文教师对于“语文课程的设计必须根据学生身心发展和语文特点”“鼓励自主阅读、自由表达，充分激发学生的问题意识和进取精神”“关注学生个体差异和不同学习需求”“语文学习应注重听说读写的相互联系，注重语文与生活相结合”等教学理念非常认同。结合教学实际，琐碎的日常工作和无形的教学任务压力，使很多老师们的读书范围仅局限在教辅参考书，课堂流程也是根据教参要点循序依次安排讲解内容。另外，对于相关教学的理论知识还需要加强实践联系的应用性研究。例如：教育家季亚琴科的“教学是有知识经验的

人与获得这些知识经验的人之间的交往”的教学理论，在课堂实践中被普遍应用为“对话教学”。反思课堂对话，既有“引而不发”的老师主场式单向交流，也有学生“畅所欲言”却与说话主题渐行渐远的热闹场面。造成这些现象的原因，还是在于教学设计的理念，教学不应该是用一个接一个预设好的提问，带领学生一步紧追一步向唯一标准答案越靠越近的过程，否则对于“教学理念促进教学实践发展”的研究就会流于形式。

第二，教学多元发展与教研形式单一存在矛盾。

教学发展的多元化主要表现在教学对象的个性差异、教师个体的教学风格；教学文本的多重理解、教学目标的设定角度；教学方法的灵活多变、教学效果的多维评价。在教研活动中，研究课展示、教师经验交流、专家讲座是三种比较常见的活动方式。而这三种常见的教研活动方式在评价活动效果与进一步推进实施的环节里都很难做到适时管理。很显然，区域性教研活动随着时代的发展更需要进一步更新形式，需要满足区域内学校教师教学的实际需求。

第三，教学信息化需求与校本教研切入点有待调整。

语文教学的信息化需求主要来源于三个方面。第一，面对社会的日益信息化，语文教学过程面临着对信息源的筛选、加工与再利用等问题；第二，面对“建设语文课程”教学理念的进一步推广，语文教学面临着在生活中开发课程新资源等问题；第三，面对学生思维的多元化发展，语文教学面临着课堂教学构成元素的重新组合等问题。另外，受传统集体备课固有形式的影响，校本教研的更多精力被解读教参、商量教学进度、安排练习考试等内容占据，而对于信息技术在语文教学中的应用与推广却很少有更加深入的研究。

直面教研现状，教研部门要以“全面提升教师教学素养”为切入点，切准均衡发展的突破口，即：以加强区域教研的整体规划为研究抓手，以校本研究的发展为基础形成区域教研共同体，坚持“资源区本化”的联动理念。具体来说，主要是做好以下三方面的工作：

一、建设“教研共同体”，推动横向教研体系的联合

《国务院关于深入推进义务教育均衡发展的意见》提出了“发挥优质学校的辐射带动作用，鼓励建立学校联盟”等均衡策略。为此，在区域教研成果的均衡推广中，建议形成“双级教研共同体”（见图 6－6），即：以区域名师为引领，形成若干一级教研共同体；以校本备课组为基本单位，根据地域相邻的特点形成若干二级教研共同体。两层之间的关系是“一级研讨引领方向，二级实践论证成果”。

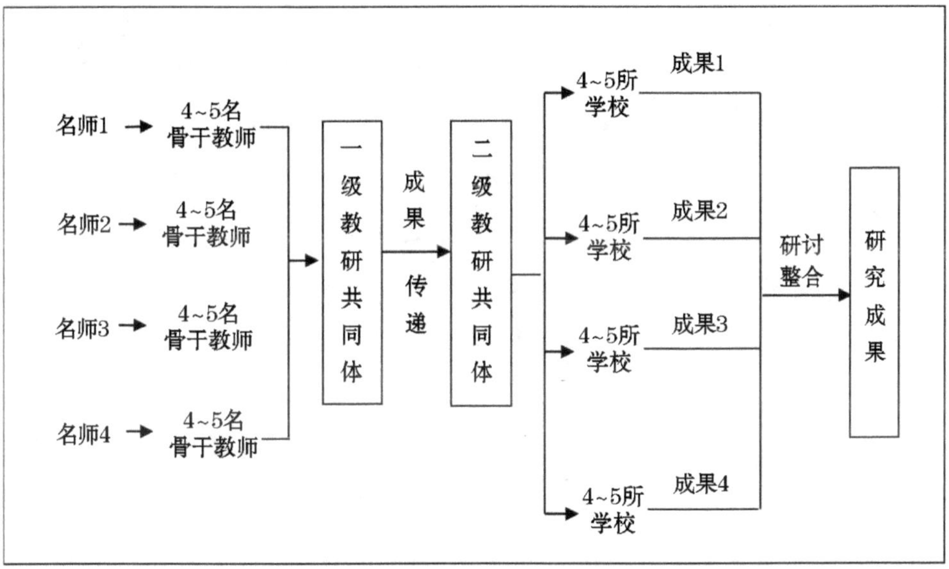

图 6－6　“双级教研共同体”互动发展流程

“双级教研共同体”并行发展，构建起校际横向联合的教研平台，这些来自同一区域内不同学校的备课组，在骨干教师的带领下，形成多元化的研究主体，围绕其研究项目，探索多种可行的实践方式，力求获得最佳实践成果。

【案例一】

关于区域作文教学方向的推动与发展,“一级教研共同体”经过研讨确定了三个方向:以各省市作文题目分类为基础,以作文题目引领写作训练;以教材作文要求为基础,以写作方法的序列化学习引领写作训练;以观察日记或片段作文为基础,以小作文引领大作文训练。研究成果交给“二级教研共同体”,再结合各自学校的具体学情,分别研讨实施的可能性。最终确定了我们区域研究的方向,选取了第二种方案“以教材作文要求为基础,以写作方法的序列化学习引领写作教学”。而在每一级序列的学习过程中,把观察日记或片段练习纳入日常教学的课时范畴;在序列升级训练中,用“作文超市”的形式,增加各省市作文题目分类练习。

例如:八年级上册语文教材第二单元的作文序列练习是“学写传记”。学习《藤野先生》一课,教师设计写作片段:请选择自己的一位老师或长辈,写一段300字左右的文字。要求:通过他(她)的某一段经历,突出他(她)的某一个性格特点。学习《回忆我的母亲》和《列夫·托尔斯泰》时,教师设计练习:对于所选择的这位老师或长辈,请通过他(她)的二、三段经历,突出他(她)的性格特点。学完课文《美丽的颜色》,设计练习:对于所选择的这位老师或长辈,请通过他(她)的三至五段经历,突出他(她)的多方面性格特点,并写出他(她)给自己的成长带来的影响。而本单元序列升级的训练则是一道综合的大作文题目:请以“最爱的那人”为题,写一篇作文。要求:(1)通过人物经历,突出性格特点;(2)表达出自己的真情实感;(3)600字左右。

建设教研共同体,首先强调每位教师对教研价值的认同感,致力于教学行为的行动研究。其主要特征是:以一定区域为单位,打破区域内校际界限,在相同价值追求引领下,自觉进行合作研究而形成专业研究集体。“双级教研共同体”在研究中所选取的每一个专题,都要以课堂教学出现的实际问题为根据,立足推进学生语文素养不断提升。“双级教研共同体”的形成与发展，是基于课程标准的教学研讨，是对“部编本”语文教材编写理念的研究与实施，是对正确把握课程目标、改善教学行为、建立多元学习方式的持续引领，有利于把教学研讨理念与成果渗透到日常教学共性经验的积累中，从而搭建起横向联合教研的构架。

二、开发“区本化资源”，引领教研领域的纵向研究

通过“双级教研共同体”的研究，加强语文课程资源的建设，主要有三种形式：静态的文本材料，物态的教学材料，动态的创造性资源。这些资源的整合与分析，推广与应用，都对语文教研向纵深处不断发展起到了积极的引领作用。

【案例二】

“部编本”语文教材七年级下册第一单元，包括《邓稼先》《说和做——记闻一多先生言行片段》《回忆鲁迅先生（节选）》《孙权劝学》四篇课文，师生围绕“单元教学线索”展开讨论。教师启动“双级教研共同体”研究机制，“一级教研共同体”首先确定四条并行线索研究：(1)以同类选材的比较为线索，突出读写结合；(2)以“记叙”表达方式的学习为线索；(3)以精读方法的学习为线索，突出拓展阅读；(4)以写作背景的介绍为线索。再由四个二级教研共同体分别承担一条教学线索做深入实践。本单元教学结束，四节“同课异构”研究课都独具特色。线索一：结合自己独特体验，抒写真情实感；线索二：以学科知识为主阵地，锻炼听说读写综合运用的能力；线索三：学习精读方法，透过细节描写把握人物内涵，有效扩大阅读量；线索四：学生自查写作背景，其预习成果的汇报贯穿教学始终。这四节研究课所留下的资源，不仅仅是四个教研视频，还是拓宽学习视野、挖掘文本内涵的研究过程。本单元的教学内容非常丰富，不仅涉及科学家、文学家、民主战士等人物，还涉及了物理学、文学等学科领域，此外还有丰富而深厚的历史知识。这样的研究过程，切实体

现出学生的独立自主,拓宽了学生的学习视野,使跨界学习水到渠成。这为今后"部编本"语文教材单元教学的研究提供了样例。

《义务教育语文课程标准(2011年版)》对语文课程这样解读:"语文课程是实践性课程,应着重培养学生的语文实践能力,而培养这种能力的主要途径也应是语文实践。"这就说明开发语文课程学习资源的主要策略应该是联系学生的体验。

【案例三】

研讨"部编本"语文教材九年级上册第六单元的教学设计,大家围绕"贯穿单元教学线索"的教研主题展开讨论,启动"双级教研共同体"研究机制,确定了四条并行的教学线索:(1)以"古白话"小说的比较阅读为线索;(2)以教材课文做名著导读为线索;(3)以人物赏析为线索;(4)以写作背景的介绍为线索。本单元教学过程中,四个二级教研共同体分别选择一条教学线索做深入研究。本单元教学结束时,四节"同课异构"研究课都独具特色。线索一:以了解"古白话"小说特点作为切入点,通过比较阅读,进一步体会教读课与自读课两种课型特点。线索二:以四篇课文作为《水浒传》《儒林外史》《三国演义》《红楼梦》四部名著的导读材料,增加同学们的文学积淀,引领学生开展整本书的阅读活动。线索三:通过把握作品中的人物和事件,把握住课文主要内容,探索"长文短教"的方法,即"以学科知识为主阵地,锻炼学生听说读写综合运用的能力"。线索四:文学知识是初中学生的一个薄弱环节,本单元四篇课文《智取生辰纲》《范进中举》《三顾茅庐》《刘姥姥进大观园》都是创作背景比较鲜明的课文,如果不清楚背景和课文在整本书的前后关联,就很难读懂。大家在研讨会上对这四节课的教法、学法又进行了进一步精细分析,达成理念共识:阅读教学在注重培养学生阅读能力的同时,要关注学生情感体验;从读写结合的角度,要关注学生的写作积累;从阅读习惯培养方面,要立足于学生语文素养提升。这样的教学研讨过程,切实体现出"区本化"教研在区域教学研究领域里的引领作用。

可见，语文教学的资源建设从呈现形式来看，有静态的文本材料（如各种理论学习资料），有物态的教学材料（如视频、PPT 文件），有动态的创造性资源（如教师的教学机制、学生的情感体验）。这些资源的整合与分析、推广与应用，都对语文教研向纵深处发展起到了积极的引领作用。

三、促进学校教研发展，保障有效教研的成果落实

促进学校积极开展学科教研活动是基于校级教研活动规范化发展的需求。为不断促进学校学科教学的整体提升与发展，围绕学校语文教学所遇到的问题，开展校级学科组、年级备课组的教学研讨活动，有助于学校学科组、备课组形成民主而又深入的教学研究氛围，促进老师获得均衡发展的机会，从而不断提升自己的专业素养。以区域教研促进学校开展学科教研活动，可以在以下四个方面给予更多关注：

第一，围绕学校的教学研究工作，以课堂教学指导为介质，研究推动教学优质发展的有效策略。

第二，围绕学校教学质量评价要求，以语文教育教学评价为引领，发挥评价的积极导向作用。

第三，围绕学校的课程建设，以校本课程、资源开发与建设为渠道，推进语文学科优质资源共建共享。

第四，围绕教师发展，以促进语文教师专业发展为路径，规划语文教师专业培训课程，建立语文教师培训体系。

可见，区域教研在学校教学发展中起到了理念提升、方向引领、体系梳理等方面的作用。结合语文教学实践，开展促进学校教研发展的研究，主要有以下五个特点：

（一）整体规划

根据学生的学段特点，学校学科组首先要研制语文组建设的三年规划，

主要包括：青年教师的成长、教师专业素养的提高、语文课程资源的建设和阅读课、鉴赏课、作文课、复习课等各种课型的研究等。

【案例四】

学习“部编本”语文教材七年级上册第四单元“综合性学习——少年正是读书时”，首先开展了两个活动：走进学校图书馆阅读古代优秀诗篇；走进学校信息教室，穿越时空，和鲁迅、冰心等作家作品互动对话。在此基础上又开发了新的语文特色实践活动“情境诵读”——漫步学校植物园，花下吟诗歌、诵美文、悟真情，其阅读内容均来自学生调查中自荐率较高的篇目。“情境诵读”语文实践活动又一次把语文学习推向高潮。

【案例五】

以学生七至九年级为一段研究周期，开发出适合“部编本”语文教材实践活动的具体内容，制定出完整规范的实施方案。这样，下一个年级在教学中，不仅能借鉴这些比较成熟的经验，还能继续加以完善。学习八年级下册第三单元“综合性学习——古诗苑漫步”，老师们根据上一届八年级教师的总结，开展了三个活动：选择自己喜欢的一首古诗，声情并茂地朗读；以“给古诗配图画”“排演短剧”等活动形式，表现某一首古诗的内容；以“古诗中的‘花’‘月’‘雨’”为主题，积累古诗句。在此基础上还增加了两个活动：欣赏学长、学姐的优秀创作，展示自己创作的诗篇。本次语文实践活动，在体验中促进了学生语文素养的持续提升。

（二）科学前瞻

“教为了达到不需要教”是语文教学的最高境界，为此，语文教研要具有前瞻性，语文教师的教学要站在一定高度，科学展望教学前景。在教学目标达成、教学过程优化、教学方法切实等方面，都能按照语文学习任务的轻重缓急、难易程度，明确主要的研究方向，树立研究目标。

【案例六】

在“部编本”语文教材八年级下册名著导读《傅雷家书》的教学中，学校备课组老师们研讨统一了教学任务：不仅要理解傅雷与儿子交流时所表达的情感，还要通过对家书具体内容的阅读，加强对理解性阅读、评价性阅读、探究性阅读等不同阅读过程的实践性指导。老师们在集体备课的活动中还进一步研究了操作步骤：第一步，开展整体阅读，引导学生深入理解傅雷与儿子之间的交流所表现出来的舐犊深情；第二步，开展赏读活动，引导学生赏析作品中的情感流露、人生启示、语言风格及艺术特色，并做出阅读评价；第三步，开展阅读研讨活动，请同学们说说在阅读中自己的直接收获与“跨界领域”中的收获，引导学生形成更加广泛的阅读关注点，在探究阅读领域有更加深入的实践。

实践证明，教学理念的前瞻性，在一定程度上决定了学习效果的高度和广度。语文学习的内容丰富、庞杂，一篇课文不可能面面俱到，怎样以点带面促进学习效果的不断提升，就成为学校开展前瞻性语文学科教学研讨活动的一个切入点。

（三）广泛学习

师资培训是加强教师队伍建设、提升教育教学质量的重要因素，为学校发展提供了重要保障。所以，学科组、备课组的教学研讨活动首先要有整体设计：在内容上，包括语文教育教学理念、语文专业知识、职业道德以及语文教学技能等；在类型上，根据不同层次的需要，分为基础性教学研究和拓展性教学研究；在形式上，采取集中、团队、分组、个人等形式，推动语文学科教师的成长有序发展。

“开展学习活动”是学校加强学科组建设的关键环节，包括解读教育教学发展的相关政策、了解语文教学的发展趋势、深化对课程标准的理解、准确把握教材重点，等等。学习的形式多种多样，包括以专题讲座促观念更新，以专家指导促专业成长，以学术沙龙促同伴互助，以交流研讨促教学反思，等等。学科组建设面向全体教师，为更多的教师搭建施展才华的舞台，并把优秀的成果推送到区域交流平台，以推广其应用价值的影响力，并帮助学校做好反思与总结，推动研究成果的不断完善与提升。

（四）专题研究

学科组建设是学校文化和发展的一个载体，"专题化"的研讨形式是保障活动有效开展的重要途径。例如，建构适合中小学的语文核心素养体系是"部编本"语文教材一个重要编写理念，但这是"内隐"的，不是"外显"的。这就要求老师们在教学中不刻意强调体系，防止过度操练，最好能做到"一课一得"。为此，学校的集备研讨活动，就可以以"切实落实体现语文核心素养的知识点、能力点"为研究切入点，遵循语文素养的形成与发展规律，开展"创新用好教材"的研究，重点研讨如何在语文教学中建立"知识体系"的实践策略。

实践证明，学校开展"专题化"的语文教学研究，需要建立在过程精细化的基础上，逐步实现从语文知识的微观研究转型为语文课程的研究，再深入到提高语文素养的研究，从而体现"教材范例教学"的新要求。

（五）及时行动

依托"学案"以学定教是学校加强语文学科有序发展的一条途径。例如，在导学案的推广应用中，研究"导学案"编制的合理性是备课的第一环节。而"不拘泥于导学案的一致性，充分调动学生参与积极性"是备课的第二个重要环节。学校集体备课流程图，如图 6－7。

任何一项语文校本教学的研究，都需要立足于语文学科专业发展的基础之上，为教学提供科学的思维方式，规范教学的思维逻辑和思维方法，为语文教学的发展提供具有时代内涵的价值引领，塑造和引导学生在成长中形成正确的价值观念和价值追求。把校本教研的研究及时应用到实践行动，是对集体研究成果的共享，也是对个人教学智慧的再创造。因此，无论哪一项研究，都要及时跟进实践行为，否则就会让研究成为"纸上谈兵"。教研实践活动的

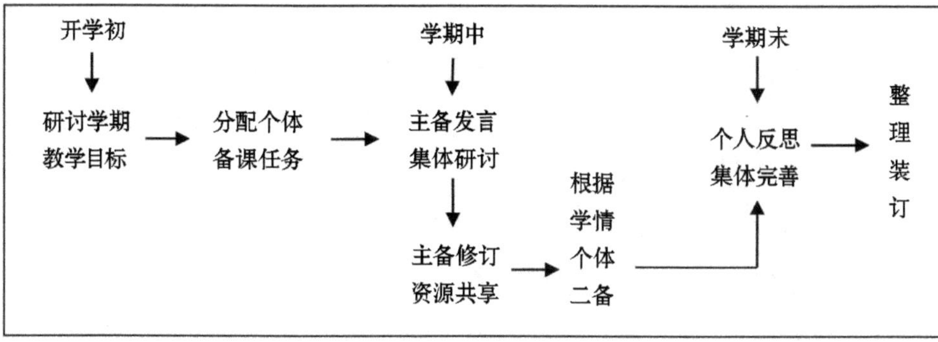

图 6－7　学校集体备课流程图

共同目标,都是指向对学生语文学科核心素养的培养。因此,要兼顾学生的知识学习与拓展,兴趣、特长、技能的形成与发展,还要注重体现语文学科的开放性、丰富性、发展性和多元性。

区域教研环境新常态的建设,还需要在力推“教研成果”的方法策略方面进行深入研究。传统语文教研成果的交流方式,主要渠道就是文档的书面交流和讲座式经验分享。随着教育信息化的发展,网络连接着生活的方方面面,连接着过去和未来。为适应“互联网＋”的时代特点,语文区域教研要主动拓宽教研方式,大量的文字研究成果如何能在信息技术指导下加以推广,扩大其影响力就成为教学研究的新课题。为此,我们力推“研究成果‘云’交流”这一新的研究视角。例如:借助区域教研平台,建立“语文工作室”,大家把校本教研成果及时上传到工作室做进一步研讨。链接相关专业教育教学平台,实现“自主培训与交流一体化”。教研成果“云端化”的研究,已经将传统意义的教研活动延伸到一个边界广阔的新领域,体现了对“教研无处不在、课堂无处不在、学习无处不在”教学环境的建设,引领广大教师适应信息化需求,通过创新和变革教研形式,努力实现信息技术与语文教学的深度融合,真正体现出教研活动带动更多语文教师成为专业研究者的特点,有效促进了语文教师从科研引领又走向实践论证的专业化发展。

促进区域内语文教研的均衡发展，关键是要找到解决问题的均衡点，即：顺应语文教学的内在发展规律，具体分解为：“听、说、读、写”每一个小专题都是一个研究课题；语文课堂的均衡高质是研究的核心任务；提高教师团队的研究力是研究过程的不懈追求。建设教研共同体；保障资源区本化深度共享；进一步促进学校教学研究质量的均衡发展。均衡教育理念的积极影响力主要体现在三个方面，有助于取得三方面教学成果：有利于团队的合作与个性的发扬保持平衡；有利于把控有效的研究方向与彰显研究活力保持平衡；有利于强调落实研究成果与过程的规范实施保持平衡。可见，助推区域化语文教研的均衡发展，对营造合作与交流的研究氛围，对实现理论与实践互动，对可持续提升语文教师的学习力和研究力，都具有积极的引领作用。

第六节
建设语文信息化教学环境,拓宽语文教学研究场域

二十年前,我国开始进行基础教育课程改革,这是我国教育界面对新世纪社会发展的要求而采取的一项重要举措。世纪之交,教育发展所面临的外部影响因素是科学技术的迅猛发展,生产的不断变革和社会生活面貌的深刻变化;而内部影响因素则主要表现为社会发展对人才所提出的新的素质要求。二十年来,教育的发展取得巨大成就。然而,跟随新时代的步伐,教育开始面临很多新问题:人才培养目标怎样体现立德树人;怎样持续提升人才素养,使其更加适应社会发展的需要,等等。于是我们又以新一轮教育改革的推进,来积极面对新时代里科学技术的日新月异、社会信息化、经济全球化等发展趋势。也正因此,以"信息化"发展促进教育的全面发展,成为新一轮教育教学改革的突破口。

一、了解"教育信息化"提出背景,明确发展方向

"教育信息化"的提出,是从20世纪90年代末开始的。随着网络技术的迅速普及,整个社会的发展与信息技术的关系越来越密切,人们越来越关注信息技术对社会发展的影响,"社会信息化"的说法开始出现,"教育信息化"的说法也随之出现。

一般来说,"教育信息化"发展是指在国家及教育部门的统一规划和组织下,在教育系统的各个领域全面深入地应用现代信息技术,加速实现教育现

代化的过程。近二十年来,我国基础教育在"教育信息化"发展方面,取得了光辉的成就:

(一)2001—2005,国家第十个五年规划期间

3.8 万所中小学基本建成校园网,建成近 5 万个卫星教学接收点和 7000 多个计算机教室。初步建成了基础教育资源库。

(二)2006—2010,国家第十一个五年规划期间

"十一五"期间,教育信息化得到了快速发展,教育信息化建设成效显著,带动了教育现代化发展,初步建成了国家基础教育资源库,初步构建了一个惠及 1 亿多农村中小学生的远程教育网络,着力缩小东西部之间、城乡之间的教育数字鸿沟。各级各类学校现代教育装备水平明显提高。2010 年,77%的高中、46%的初中均已建成相关网络,普通初中每 16 名学生就拥有 1 台教学用计算机。

(三)2011—2015,国家第十二个五年规划期间

"十二五"期间,我国逐步形成了以促进信息技术与教育教学深度融合为核心理念,以"三通两平台"("宽带网络校校通、优质资源班班通、网络学习空间人人通""建设教育资源公共服务平台和教育管理公共服务平台")为标志和核心目标的各项工作都取得了突破性进展,这对于引领教育变革、促进教育公平、提高教育质量发挥了日益重要的作用。

"十二五"期间,我国教育信息化发展所取得的成就,大致可以归结为以下五个方面:第一,教育信息化的战略地位得以充分确立;第二,教育信息化的保障条件进一步得到夯实;第三,教育信息化公共服务的水平大幅度提升;第四,教育管理信息化全面推进;第五,教育信息化的顶层设计在发展中不断充实和完善,目前已基本形成。列举一组数据来具体说明:到"十二五"末期,全国中小学互联网接入率已经达到了 87%;多媒体教室拥有率达到了 80%,42%的学校已经实现了全部应用数字教育资源开展课堂教学;超过 36%的学校开通了网络学习空间;全国有 6.4 万个教学点实现了设备配备、资源配送

和教学应用的三到位。还特别要提到的一点就是，“一师一优课、一课一名师”活动的开展，使教育优质资源的面不断扩大。

(四)2016－2020，国家第十三个五年规划期间

“十三五”期间，教育信息化发展目标为：到 2020 年，基本建成“人人皆学、处处能学、时时可学”、与国家教育现代化发展目标相适应的教育信息化体系；基本实现教育信息化对学生全面发展的促进作用、对深化教育领域综合改革的支撑作用和对教育创新发展、均衡发展、优质发展的提升作用；基本形成具有国际先进水平、信息技术与教育融合创新发展的中国特色教育信息化发展路子。

2018 年，为深入贯彻落实党的十九大精神，办好网络教育，积极推进“互联网＋教育”发展，加快教育现代化和教育强国建设，教育部研究制定了《教育信息化 2.0 行动计划》，文件指出：“教育信息化具有突破时空限制、快速复制传播、呈现手段丰富的独特优势，必将成为促进教育公平、提高教育质量的有效手段。”《教育信息化 2.0 行动计划》为教学整体发展提出要求：促进教育信息化从融合应用向创新发展的高阶演进，信息技术和智能技术深度融入教育全过程，推动改进教学、优化管理、提升绩效。全面提升师生信息素养，推动从技术应用向能力素质拓展，使之具备良好的信息思维，适应信息社会发展的要求，应用信息技术解决教学、学习、生活中问题的能力成为必备的基本素质。

随着教育信息化进入融合创新的时代，对学科发展的要求越来越高。在教学中形成“平台＋教师”有效互动机制，可有效促进师生信息化应用水平的提高。这样的教学过程，必然要求学科教学的发展能够跟上国家发展的步伐。结合语文教学发展实际来说，促进教育信息化的发展，就要注重在语文教学环境里加强对数字化资源的开发，注重信息技术应用与语文教学研究的深度融合，为在教育信息化背景下推动语文教学更新理念、规划发展提供更加广阔的研究平台。

二、信息化语文教学环境建设存在的主要问题

初中语文信息化教学在创设学习情境、培养情感共鸣、突出学习重点、改变学习方式、优化课堂设计、提高学习效率等方面均有独特优势。但问题也比较突出,主要存在于三个方面:

(一)软件技术提升没有跟上硬件更新发展的速度

在教学过程中,软件资源是信息化环境建设的一个重要组成部分,是学科科目与信息技术能否进行优质高效整合的主要载体。语文学科的人文性与综合性特点决定了语文教育信息化的环境建设必然需要大量教学资源的支持,并要在教学过程中进行合理配备。分析我们的教学现状可知:各学校所配备的信息技术设备都比较先进,而且随着学校的发展不断更新。但由于受到资金、技术、培训、时间等方面的限制,“应用技术有待升级培训”的需求随着“设备升级的先进性”已明显表现出来。所以,促进语文学科软件应用技术跟上硬件设施的发展速度,已经成为语文教学研究的一项重要任务。

(二)教师技术更新没有跟上学生信息化发展的速度

从心理学角度分析,初中学生注意力在内容、广度、分配等方面都处于快速发展时期。以感知思维为例,虽然初中生感知思维的精细性发展并不算突出,但敏锐性比较强烈。也正因此,学生对于社会生活中各项信息技术成果的研究与推广都会非常关注,对于学习过程信息技术的使用、实践、兴趣点、关注度及各项要求,也具有快速掌握、高频使用、持续更新等特点。在教学实践中,语文老师承担着信息化教育教学实施主体的责任,而在技术应用与技术水平持续提高方面与学生相比略为落后,很多信息技术还没熟练应用就又面临更新升级,在及时适应学生的学习需求方面存在一定困难。

(三)信息技术与语文教学融合密度没有跟上教育改革的发展速度

随着信息社会的高速发展,语文学习将不再单纯是语言语文的学习、文学语文的学习、工具语文的学习。语文教学过程必将以更加多维度的状态展

开，在必备知识学习的基础上强调问题解决，强调实践应用，呈现出生活语文的属性特点。因此，学科知识的整合就成为教学研究的一项重点内容。分析语文信息化教育现状，有必要在“融合发展”这一方面进行更加深入的研究。语文教学实践中，有部分老师对于“教育信息化”的理解还处于 PPT 使用的初级层面。上课时，把教学内容全部转移到 PPT 上，用屏幕的演示代替板书和课本，“以前是老师教，现在是电脑教”的现象实际上是“穿着新鞋走老路”，并没有真正发挥信息技术对语文课堂教学的有效辅助作用。

还有一种现象，就是把课件制作的精美程度作为推动“教育信息化”发展的检验标准。教师因此就会更加关注课件制作中所使用软件的先进性，注重声音、图像、画面、字体等各个方面的美学效果，而忽略了学习过程中对语文专业知识的开掘、汲取、拓展与应用。

三、信息化环境下语文教学特点分析

构建语文信息化教学环境，信息技术与语文专业知识的融合是“突破口”。打开“突破口”的关键是科学分析学生已有的语文知识经验，在遵循整体性原则的基础上，研究充分发展个性化学习与选择性学习的策略，最大限度地激发学生个体学习动机，以多元化信息容量满足学生学习需求，提高学生的语文素养和学习能力，促使语文学习过程更加丰富充实、更加积极深入、更加多元拓展、更加生动有趣。信息化环境下语文教学过程主要有五个特点：

（一）内容选择数字化

一般来说，“数字化”学习指的是在互联网支持下学生所进行的学习过程，也可称为网络化学习。“数字化”为语文学科所带来的远程教育、资源共享、电子阅读等学习方式，拓宽了教学内容所属领域的时空观念，使教学不再局限于学校、家庭，学生可以随时随地通过互联网进入数字化学习状态，促使语文的教学由阶段性教育向持续性转变。

【案例一】

七年级上学期，我们以学习《从百草园到三味书屋》为契机，开展《朝花夕拾》整本书阅读活动；七年级下学期，以学习《阿长与〈山海经〉》为契机，继续开展《朝花夕拾》整本书阅读活动；八年级上学期，我们又以学习《藤野先生》为契机，深入发展对《朝花夕拾》的整本书阅读活动。例如，开展“鲁迅的少年时光与中年时期”“南京读书前后”“弃医从文之转折”等对比性阅读，开展“激愤的批判和讽刺”“流淌在心中的爱与憎”“笔尖下的记事与感触”等研究性阅读。在语文教学中利用阅读内容数字化的特点，随时组合阅读顺序、查阅相关文献、开展评论性阅读活动，等等。可见，语文学习内容的数字化，将个体的学习过程从阶段性演变为过程性，可以根据学生不同阶段的学习需求，确定持续深入学习的目标和具体内容。

(二)教学过程智能化

语文教学过程的智能化特点，主要是指“智能化”应用，表现在实践层面的是：文本阅读、知识解读、写作指导、综合性语文活动设计、深度挖掘、拓展链接、融合研讨等活动，都具有资源丰富、快速更迭等特点。例如，对语文教学网络应用程序的开发使用，体现了学生个性化语文学习过程的主观能动性，语文专家的指导和语文教师的讲解在信息化背景下呈现出“人机共生”的特点，其学习过程也更加具有针对性、选择性、实时性，更加有趣、有效。

(三)学习方式自主化

信息技术给初中语文教学带来许多积极的影响。例如，无论是教师的教还是学生的学，师生都可以自主选择各种语文资源、自我控制学习流程、自我管理相关过程，还可以自主选择互动交流、合作探究等学习形式，开展不同的项目式学习。需要注意的是，有序规划是开展自主学习的前提条件。只有充分做好规划，才能有效克服随网络而产生的学习随意化、碎片化、表面化等弊端。

（四）教材使用时代化

语文教学是一门科学，也是一门艺术。如果能通过对信息技术的利用来增强教材使用的时代感，就一定能在气氛渲染、情境创设、画面烘托、感情升华、直观演示、难点突破等方面对教学效果产生积极的影响。

【案例二】

教学七年级下册《邓稼先》时，教师借助声、电、光等现代多媒体技术展示中国爆炸第一颗原子弹、第一颗氢弹的相关材料，同时播放中华人民共和国成立70周年北京庆典时，核导弹方队接受检阅的视频资料。在对比发展中，通过情境的创设强化学生对从“任人宰割”到“站起来了”的真实感受，体会科学家“功勋泽人间”的功绩与品行，增强学生的民族自豪感。实践证明，利用信息技术在语文学习中营造可看、可听、可感的场景以拨动心弦，把教材文本中的人、事、情、物植入心田以震撼心灵，是对“在体验中实现教与学互动”的积极引领。

（五）环境建设开放化

著名语文教育家于漪说：“语文学科是最开放的学科，它与学校生活、家庭生活、社会生活紧密相通；学生生活在母语环境之中，母语的学习与运用无处不在，无时不在。加强课堂内外的沟通，学校内外的沟通，是提高语文教学质量，提高学生语文综合素养的必由之路。”语文教学环境不能拘泥于教材，生活中蕴含着无穷无尽的语文学习资源。比如说，诗词诵读音频展示、影视配音、视频书法学习、五分钟配乐演讲、微信笔谈等，形式不拘，却都是多媒体视野下开放的语文学习与交流形式。

四、信息化语文教学环境建设的基本策略

教育信息化背景下，对于语文教学环境的建设，首先要围绕“部编本”语文教材编写理念的落实而展开。相对来说，传统的语文教学过程也是以教材

为中心，同样会涉及课外知识的拓展，只是由于受到时间与空间的限制，其拓展的多元化程度会受到限制。信息化环境下的语文教学过程，在发展学生敏锐性思维、批判性思维以及深刻理解、开阔见识等方面都具有多元、灵活的特点。在教学实践中，建设语文信息化教学环境主要有以下三条策略：

（一）从"语文教育＋互联网"模式走向"互联网＋语文教育"研究

总结语文信息化教与学现状所存在的问题，不难看到前一个阶段对于语文信息化教育的研究基本上是属于知识平移化研究，"教师教、学生学"的教育形态并没有因为信息技术的应用而发生实质性改变。经历了近二十年的发展，我们走进"互联网＋教育"的信息化教学发展新时代，用互联网思维引领师生共同参与语文教与学的过程，已成为必然趋势。实践中我们要认识到，"互联网＋语文教育"不仅仅指"互联网＋语文学习"，也不仅仅是指"互联网＋语文教学"，而是指"互联网＋语文教育领域"，即：我们要研究的是，如何通过互联网传递优质的语文教学资源，以满足学生的个性化学习需求，在语言文字的熏陶下培养学生良好的价值取向、较高的思维品质及较强的创新能力，促进学生全面发展。

【案例三】

学习七年级下册《陋室铭》这篇课文，首先请同学们利用网络资源，来了解刘禹锡生平，为理解蕴含在作品中的高尚情操做好准备。然后，组织同学们完成作业"说说我所了解的刘禹锡"。同学们围绕刘禹锡"安贫乐道、高洁傲岸"的性格特点准备了丰富的预习成果与大家分享，有的同学配乐诵读《秋词》，有的同学以书法展示《酬乐天扬州初逢席上见赠》，有的同学播放百家讲坛的视频资料《再游玄都观绝句》。大家在展示之后，还要分享交流自己的鉴赏阅读感受，以深刻体会刘禹锡因坚守理想，所以无畏贫困；因坚守信仰，所以高洁傲岸的诗豪形象。最后，老师分享了自己的仿写作品《挚友铭》，并请大家通过网络筛选《陋室铭》的仿写作品。大家在实践体验中更加直观地了解了《陋室铭》对今天社会生活的影响。在整个学习中，学生通过信息化学习，对《陋室铭》相关文言知识的掌握更加扎实，内容理解更加深刻，对“铭”的文体认识更加准确。这样的学习过程以自主学习和选择性学习的方式，提高了学生赏读文本的能力，实现了语文学习与信息化教学模式的紧密结合。

（二）从“单纯分析教材”走向“促进学生全面发展”研究

回顾我们教学研究的历程，比较单纯的教材分析占据了主导地位。围绕教参，对于教材文本的教学重点、难点，内容主旨理解，写法等艺术特色的剖析，都是教学研讨的主要内容。教师在教学时会把自己研究出来的这些精华，一股脑地倾倒于课堂。教育进入核心素养研究的新时代，每一项研究的出发点都要立足于学生的全面发展。为此，教学研究的关注点也要在分析教材的基础上聚焦于学生语文核心素养的提升。例如，促进语言思维的发展是语文教育的主要目标之一。语言思维的发展特点是，根据学习素材的不同而始终处于动态变化中。素材婉约，语言思维发展就会表现出细腻柔美、委婉含蓄的特点；素材豪放，语言思维发展就会表现出视野广阔、恢宏雄放的特点。而学生在生活中的语言应用，会因为情境不同而调用不同的语言表现形式，并表现出不同的语言特点。因此，我们开展教学研究活动不能仅局限于教材课文内容本身，而要以教材研究为核心基础，以更加宽阔的视角研究如何促进学生语文素养的提升，进而促进学生全面发展。

【案例四】

学习八年级下册《安塞腰鼓》时，老师带领学生从文学、音乐、美术、舞蹈等方面，领悟蕴含在“安塞腰鼓”中的艺术形态及精神内涵，在文学领悟中弘扬传统民间文化，推动民间艺术的传承与繁荣。在阅读中，老师请同学们圈点勾画出表现音乐、美术、舞蹈等艺术美的句子，然后通过网络自主学习如何选择恰当角度对音乐、美术、舞蹈等艺术形式进行鉴赏，并结合课文完成分析报告《“安塞腰鼓”之美》。分析同学们的研究报告,大家围绕曲调力度、肢体动作、服饰妆容以及表演场地,把色彩对比鲜明、明暗变化突出、冷暖相映自然等视觉美感分析得清晰准确;从听觉角度,对于陕北地区特有曲调所演奏出来的腰鼓锤击声铿锵有力、浑厚雄壮等特点也分析得明白透彻。最后,组织学生再读课文《安塞腰鼓》,无论是音调、节奏、情感,都比活动前有了明显的进步。同学们对在热舞中肯定生命,在共性中强调个性等“安塞腰鼓”的表演特征也都有了比较深刻的认知,而对于蕴含在字里行间的精神内涵,对于文本所彰显出来的真实情感,民族认同感、自豪感的理解也都水到渠成。从这个教学案例可以看出,教师对于学生的培养已经走出就课文赏析语言、体会艺术特色等内部学习的局限,而是通过信息技术带来的自主学习,把文学理解与音乐、美术、舞蹈等艺术形式的认知融为一体,以文学素养的提升促进审美能力的提升,促进学生综合素养的全面发展。

(三)从“知识讲解传授”走向“创设智慧课堂”研究

传统的语文教学研究,更多是从正确使用汉字和语法、辨识文体、理解文学特色等角度来展开,主要集中于对语文知识的教学。在教育信息化 2.0 背景下,教育需要满足互联网时代的要求,才能充分发挥信息技术对教育发展的影响。对于智慧课堂的研究随时代发展而产生。“智慧课堂”研究主要是指通过技术支持,以体现教与学目标设定、教与学内容选择及教学环节的优化设计、学习评价过程等方面的最优化效果。结合语文教学现状分析,语文智慧课堂主要有三个特征:

1. 基于对教学资料的有效选择,增强学习针对性

如何有效解决语文资料的庞多与复杂,始终是教学过程中要攻克的难题之一。实践证明,以数据分析为依据,加强语文学习资料的筛选,并对学生进行有针对性的推介,是提高教与学效率实用有效的好方法。

【案例五】

八年级上册进行名著导读《红星照耀中国》的学习，老师从作者简介、写作经历、时代背景、出版发行、目录内容、作品影响与评价等方面，了解学生的阅读困难。数据分析的结果表明，学生对于作者埃德加·斯诺的了解很少，对于出版历程更是几乎不知，因此教师就从这两个方面入手，引入导读材料，对于引导学生深入开展整本书阅读活动起到了积极的促进作用。

2.基于对课堂观察结果的分析，调整学习内容

数据是客观反映教与学效果的指标。在新技术支持下，通过对课堂教学中生成数据的统计、分析，不断调整学习内容，有利于在面向全体学生的同时加强选择性学习和个性化学习。例如，分析学生回答表述型问题的质量，可以从学生表述态度是否积极，表述观点是否清晰正确，表述分析逻辑是否合理，表述语言是否简洁、恰当、流畅等方面进行数据总结及分析，以确定下一阶段教与学的关注点是侧重于观点提炼，还是逻辑理解或是说话能力的提高。在教育信息化背景下，对课堂教学中的大量数据进行统计、分析，可有效保障教师及时关注每一位学生的学习现状，以及时满足教与学个性化需求。

3.基于对课堂教学机制的运用，激发学习热情

智慧课堂的一个典型特征就是对教学机制的选择与运用。例如，语文学习过程有时候要突出“互动竞技”的状态，以培养学生思维的发展。教师可以将抢答、必答、辩论、演讲等形式引入课堂，以对学生思维的注意力、敏锐度、严谨性进行有针对性的培养。

【案例六】

学习九年级上册议论性文体单元时，教师在教学环节引入比赛机制，组织以“身边的文明素养”为主题的演讲比赛。学生为准备演讲，收集了文字、

图片、视频等大量资料，资料涉及领域广泛，包括维护国家尊严，反映社会生活文明，传承民族传统美德等。在演讲准备过程中精选配乐、连线采访、设计论证结构思维导图、讨论最佳论据选择，等等。这些学习活动促使学生将议论文新知识学以致用，有效提高了学生学习语文，运用语文的能力。

五、教育信息化背景下，拓宽语文教学研究场域的路径开发

教育信息化的宗旨是为了引领学生更加有效地进行课程学习。教育信息化改变了语文教学的研究场域，促使语文教学研究的平台不再局限于知识的接收，为语言的传输与存储提供更加广阔的场域。教育信息化背景下的语文教学研究具有专业引领、技术支持、优势互补、深度研讨、广泛交流等特点。因此，教育信息化背景下，拓宽语文教学研究场域主要有以下三条路径：

（一）开展“混合式”自修，发展“工作坊”研讨

“混合式”自修，主要是指教师将在线学习和线下实践结合起来，实际上是把老师的教学自然引到“理论指导实践，实践促进理性总结”的研究之路上来。教学中可供老师们自习研修的网络平台、应用程序有很多，而且各具特色，只要我们能够本着实践、总结、再提升、再实践的良性循环，就一定能够对稳步推进语文教学研究起到积极的促进作用。

开展“线上”“线下”混合式自修活动，作为研究者需要自觉思考三个问题：(1)线上有资源，对于资源的使用，是否结合学情做了相应的选择或切合实际的修订，而不是未做任何分析就全盘使用；(2)线下有实践，是否结合自己的预设目标进行了有计划的过程实施及合理性转化，而不是想到哪儿做到哪儿；(3)效果有检验，线上和线下的过程、结果都需要开展评估检验活动，或通过学习反馈，或通过撰写反思，或通过同行交流，检验自己阶段工作效果，促使每一步研究都扎实有效，并逐步走向深度和广度，同时促进教师的专业化水平不断提升。

“混合式”自修的研究成果可以结合“工作坊”研讨的形式进行汇报交流。“工作坊”的研讨形式，主要是指鼓励参与、激发创新、确定解决策略的学习培训或交流形式。与传统教研方式相比，“工作坊”是一个多人共同参与的场域，其研讨过程更像是同行之间的一次聚会，具有轻松、有趣、互动等特点。“工作坊”教学研讨过程不是预先准备好的发言与聆听，而是每一个参与者都能在互动交流中积极沟通、共同思考、分析探究、设计方案、体验实践。“工作坊”式教学研讨的核心是教师同伴之间的互助，这就决定了其研究的内容基本上是立足于在实践层面的微观研究，一般都是针对某一个教学问题进行集中研究，并初步研讨出解决方案或发展策略。

【案例七】

针对“部编本”教材对开展语文实践活动的要求及促进学生核心素养发展的热点研讨，我们开展了语文工作坊活动，研讨主题为“初中语文实践活动的开发与未来人才培养”。首先组织老师们分组讨论“语文实践活动的开发与实施对未来人才成长的影响”，目的是了解大家对这个问题的认识程度。然后进入核心问题讨论“人才成长需要经历生活的磨砺，在生活中怎样开发语文实践活动以适应人才成长的需求?”并组织更深一步的研讨:“语文实践活动可以利用的资源有哪些? 可以开发哪些类型的活动?”接下来就进入本次工作坊活动研讨成果的总结阶段。最后是组织体验实践活动，以“部编本八年级语文下册”第一单元的四篇课文《社戏》《回延安》《安塞腰鼓》《灯笼》为依托，设计一个语文实践活动方案，交流时要阐释本活动的价值意义。工作坊研讨的最后一个活动是请老师们填写《活动总结反馈表》，为不断提升“工作坊”教学研究活动提供有效保障。

表 6－8 “工作坊”教学研究活动总结反馈表

关于今天的工作坊活动，您记住了哪些内容？	
您如何形容今天活动过程中自己的情绪？	
从今天的工作坊活动中，您有哪些新收获？	
关于“语文实践活动的开发与未来人才培养”这一主题，在未来工作中，您打算做哪些工作？	

主题工作坊的活动是在较短时间里对一个问题进行广泛而深入的研讨，所以会有大量信息的冲击，比较容易产生头脑风暴的效果，对点燃工作激情，激发教学智慧能产生积极的促进作用。由于参与的老师具有共同的研究需求，所以易于沟通与合作，操作起来也比较简便，容易产生短时高效的效果。分析语文“工作坊”式教学研究的特点，主要有三个：

1. 深入“问题”，研究门道

语文学科“工作坊”式教研活动，直接指向语文教学改革和语文教师专业素养的提升。为了保障研讨的问题具有针对性，首先要对当前课程改革的核心内容进行深入分析，并且要非常清楚当前教学中所存在的“难题”。其活动内容的设计，也正是对这些教学难题的突破及改变。

深入“问题”，这里的“问题”，也指当前语文教学研究中有价值的热点问题。而活动内容的设计，自然是要分析问题热议的原因，深入研讨落实的必要性和可操作性。

2. 教师主角，量体裁衣

语文学科“工作坊”式教研活动与传统教研方式最大的区别就在于，整个活动过程不是一个人主讲，而是全体教师共同参与，即：每一位教师都是活动的主角，而不是某一个主讲老师是活动主角。因此，活动策划是极为重要的第一项准备工作，其中的每一个环节都要注意全员参与。

量体裁衣中的“体”，具体指教师需求，老师们在工作坊活动中，最想解决的问题就是量“体”的内容，而“裁衣”指的是对解决问题、满足需求的方法探究。语文工作坊以独立的教研活动为依托，一般每一个主题研究活动都分为：主题认知、分组研讨、集中交流、实践应用、专家点评五个环节。这些活动环节都充分体现了教学研究的多元化，即教师自主、同伴互助、专家指导，也体现了研究过程中的尊重与合作，尊重每一位老师的建议，在平等对话与交流中建立互助合作的关系，以实现对研究内容的理解更深一层，或有所突破。

3. 关注应用，实践检验

语文学科“工作坊”式教研活动的研究成果，绝不是“花拳绣腿”，而主要来自教师们的直接经验，具有很强的实用性。工作坊的主题研修活动结束时，一定要总结研讨成果，能够给老师们日后开展工作带来启发。而且，工作坊主题研讨的结束，并不意味着专题研修随之结束，研讨成果还要进一步应用于教学实践，有待学生学习成果的检验，然后老师再做出相应工作调整。因此，工作坊主题教研活动结束时，也要注意后续任务的安排。例如，教师个人要应用研讨成果完成一项具体的教学任务，并做出效果反馈，以促进工作坊研修成果在实践中的运用与转化。

（二）优设学习主题，推进“项目式”教研

“项目式教研”是通过理论探索、实践检验、深入研究，团队共同解决一个教学中真实问题的教学过程。这一教学研究过程，以促进教学的顺利进行为依托，以促进学生语文核心素养发展为目标，强调问题解决过程中的真实性、科学性及研究成果的应用性、可推广性。“项目式”教学研究的特点是综合性、复杂性、实践性、开放性、体验性。

“项目式”教学研究，一般要遵循的流程是：选择问题、确立项目——设计方案、实施研究——阶段展示、评价改进——成果总结、推广交流。“项目式”教学研究的过程，每一个环节都强调教学思想的互动，在互动研讨中体现对学生获取知识与技能、应用迁移与创新能力的培养，促进学生复杂推理、思辨决策、跨领域融合思维的形成与发展。

【案例八】

教学八年级上册语文教材第二单元《藤野先生》《回忆我的母亲》《列夫·托尔斯泰》《美丽的颜色》这四篇课文，我们发现学生在阅读拓展中主要存在的问题是缺乏主动性。经过七年级“1＋X”群文阅读的拓展学习，学生们已经产生一定的阅读兴趣，但主要问题是拓展阅读过程一般表现为等待老师的推荐，对于推荐的篇目基本上能够读完，如果没有推荐，拓展阅读也就随即流失。为促进这一现象的改变，老师们首先聚焦问题“如何提高学生群文阅读自主推荐能力”，并研究造成问题的主要原因，讨论后一致认为：每一次开展“1＋X”拓展阅读活动时，都是教师根据自己的教学需要独立确定“1”，并且把“X”直接给学生，然后组织开展阅读活动。并没有创设请学生思考如何确定“1”，又怎样筛选“X”的学习情况。大家针对这一问题研究解决方案：本单元学习，老师们直接推荐“X”篇，请大家反推出确定“1”的理由。例如，有的老师给出群文阅读篇目：肖复兴《母亲》，丰子恺《我的母亲》，孟郊《游子吟》。学生理解可以从同一个主题的角度开展群文阅读。有的老师给出群文阅读篇目：冰心《一朵白蔷薇》，毕淑敏《孝心无价》，老舍《我们家的猫》。学生理解可以从同一个体裁的角度开展群文阅读。在阶段总结时，老师们又发现学生的期待心理有所降低，但是对于“1”的确定角度还是比较狭窄。大家研讨的解决方案是：通过简介鉴赏散文的基本方法，引导学生理解不仅可以从同一种文体、同一作者、相同题材等角度开展群文阅读，还可以从背景资料、作品评价等角度来开展群文阅读。在第四单元《背影》《白杨礼赞》《散文二篇》《昆明的雨》四篇课文的学习中，开展了学生自由推荐拓展阅读篇目的活动，同学们突破了同一作者、同一主题、同一文体的局限，推荐了整本书阅读、茅盾作品书评类、读后感等文章，还有同学从与作者交往的角度推荐了陈静《再忆汪曾祺》，铁凝《孤独温暖的旅程》，冯契《忆佩弦先生》。

怎样推进项目式教学研究活动的开展呢？一般来说，有三个注意事项：

第一，以教学中需要解决的问题为研究的起点，其问题的解决对于未来的语文教学是具有积极影响力的。

第二，研究的过程一定要以学生发展为中心，强调语文育人，而非语文知识本位，体现语文与生活的链接。

第三，对于项目研究成果要有预估评价，评价的标准要有助于推进学生核心素养的发展，也要有助于培养学习的责任心、专注度、合作精神以及激发学生继续学习的意愿。

（三）优选教学内容，开展信息利用最大化实践研究

现代网络，带给师生同时获得等同信息并平等使用各种信息的机会，但学生在展开全方位阅读并做出有效筛选方面，存在着时间少、学习精力不足等困难，而且学生准确筛选信息的能力需要逐步形成，不可能一蹴而就。作为老师，利用网络资源备课，切忌做信息的超大容器，而要注意精心选择，让信息按需所用。信息选择的依据有两点：(1)从知识积累的价值出发，选择具有引领价值的信息资源，有利于学生沿着一个信息点深入走进去，在较短时间内，实现信息利用最大化。(2)从能力培养需要出发，依照学生思维发展的规律，适当提供适合比较阅读的拓展信息，有利于学生通过一个点，向多元化发展，在较短时间内，实现信息利用最广化。

【案例九】

学习“部编本”语文教材七年级下册《驿路梨花》这篇课文，同学们对于作者彭荆风的认识还是很少的。网络搜索常规的文学常识类介绍也主要集中在作家作品。七年级学生接触各种规范文体的机会比较少。于是，老师借助这篇课文的作者有丰富作品的特点，开展了文体知识方面的材料推荐，包括对小说、散文等文体的复习，也包括对电影剧本、传记文学、文学评论、纪实文学等文体的介绍，以丰富学生语文专业知识的积累。这是一个

典型的知识体系建构的教学案例，充分利用网络资源的丰富性，梳理出文体知识的脉络，使学生置身于相对广阔的语文视野中，为未来的语文学习打下扎实的基础。

教育信息化背景下，“建设语文学习环境，拓宽教学研究场域”必须要立足于充分发挥网络互联的优势，遵循互通、互融的指导原则，聚焦学生语文思维的发展，让语文学习不拘泥于教材，并努力建构与生活外延等同的语文学习外延体系，从而实现以语文素养的提升促进学生全面成长的教育目标。